Nur Fliegen ist schöner

Heitere Kurzgeschichten

rund ums Fliegen

AF672154

von Stefan Schöner

WESTFLÜGEL VERLAG

Bibliografische Information der Deutschen Bibliothek:
Die Deutsche Bibliothek verzeichnet diese Publikation in der Deutschen Nationalbibliografie; detaillierte bibliografische Daten sind im Internet über http://dnb.ddb.de abrufbar.

Impressum
© 2015 Westflügel Verlag, Essen
ISBN: 978-3-939408-29-1
Text: Stefan Schöner
Lektorat: Karsten-Thilo Raab
Layout: Ulrike Katrin Peters

Der Nachdruck, auch auszugsweise, sowie die Verbreitung durch Film, Funk, Fernsehen und Internet, durch fotomechanische Wiedergabe, Tonträger und Datenverarbeitungssysteme jeglicher Art ist ausdrücklich nur nach vorheriger schriftlicher Genehmigung durch den Westflügel Verlag gestattet.

Liebe Leserinnen und Leser,
wir freuen uns, Ihre Meinung zu diesem Reiseführer zu erfahren.
Bitte senden Sie Ergänzungsvorschläge, Anregungen und Korrekturvorschläge an den

Westflügel Verlag, Gustav-Streich-Str. 62, 45133 Essen.

Weitere Informationen zum Verlagsprogramm finden Sie im Internet unter:
www.westfluegel-verlag.de

Inhaltsverzeichnis

Ordnung muss sein

Meine Frau und ich stehen in Valencia an der Sicherheitskontrolle des Flughafens. Wir wollen jetzt von hier aus nach Hause zurück fliegen. Aber das ist hier heute irgendwie nicht ganz so einfach…

Wir haben nämlich hier an der spanischen Mittelmeerküste einen schönen, erholsamen Kurzurlaub verbracht. Gestern allerdings erreichte uns die Nachricht von den entsetzlichen Attentaten in Paris und schreckte meine Frau auf: „Wir müssen doch morgen in Paris umsteigen, oder?"

„Ja, und?", hatte ich achselzuckend erwidert. „Das sollte doch kein Problem sein. Wir fliegen vom selben Terminal weiter, an dem wir ankommen und müssen deswegen nicht mehr durch eine Kontrolle."

„Oh doch, doch, das ist ein Problem!", erwiderte meine Frau grimmig. „Morgen will ich mindestens zweieinhalb Stunden vor dem Abflug am Flughafen sein. Besser noch drei!"

„Hier in Valencia?", erkundigte ich mich erstaunt. „Was hat denn Valencia mit Paris zu tun?"

Aber bitte – wenn meine Frau das will…

Und, eigentlich überflüssig zu erwähnen, sie hatte Recht. Wie immer. Wir waren sehr zeitig am Flughafen erschienen und prompt in ein riesiges Chaos geraten. Die Kontrollen waren verschärft worden.

Schwer verschärft.

Monströs verschärft.

Vor der Sicherheitskontrolle staute sich eine riesige Schlange. Ich musste meine Schuhe und meinen Gürtel ablegen, meinen Ehering und meine Brille. Ich musste alle elektronischen Geräte, ja, sogar das Ladegerät für mein Handy aus dem Handgepäck holen und getrennt röntgen lassen. Ich war, obwohl der Metalldetektor gar nicht anschlug, zusätzlich von Hand gründlich abgetastet und sogar mit einem tragbaren Gerät kontrolliert worden.

So – aber jetzt.

Ich will gerade meine Reisetasche, die mir als Handgepäck dient, aus der Plastikwanne, in der sie durchs Röntgengerät lief, vom Rollband nehmen, als ich von einem Sicherheitsbeamten aufgehalten werde.

„Haben Sie Flüssigkeiten dabei, Senor?“, fragt er mich.

Ich weise stumm auf den Zipp-Beutel, der deutlich sichtbar neben meiner Tasche steht. Der Beamte nimmt den Beutel und mustert seinen Inhalt interessiert.

„Was ist das?“, fragt er neugierig.

Hä?

Ich gucke ihn überrascht an.

Sieht man doch, oder? Der Beutel ist ja schließlich transparent. Genau dafür, dass man seinen Inhalt sehen kann. Ich verkneife mir aber jeglichen Kommentar und informiere ihn, dass es sich um mein Rasierwasser, Mundwasser und eine Tube Zahnpasta handle.

Der Beamte öffnet den Beutel. Er entnimmt den Inhalt, schraubt die Fläschchen auf, schnuppert an jedem. Er öffnet die Zahnpasta, drückt ein wenig von ihrem Inhalt auf den Finger und schnuppert auch daran, bevor er sich den Finger an einem Papiertuch abwischt. Dann greift er nach einer leeren Plastikwanne, stellt sie neben meine Reisetasche und legt den Klarsichtbeutel und seinen Inhalt ordentlich hinein.

Mir schwant Übles.

„Bitte öffnen Sie die Tasche!“, weist er mich an.

Ich seufze verhalten, öffne – nach einem kurzen Blick auf meine Frau, die natürlich nicht weiter kontrolliert wurde und bereits am Durchgang zu den Abfluggates auf mich wartet – den Reißverschluss und schlage den Deckel der Tasche zurück.

Der Beamte späht ins Innere, kann aber natürlich nur das kleine Handtuch sehen, mit dem ich den Inhalt abgedeckt habe.

„Was ist da drin?“, will er von mir wissen.

„Schmutzwäsche“, erwidere ich kurz. Was sonst soll schon drin sein, wenn man aus dem Urlaub nach Hause fliegt.

Der spanische Beamte zieht Gummihandschuhe aus einer seiner Uniformtaschen und streift sie sorgfältig über. Dann zieht er das Handtuch aus meiner Tasche und wendet es hin und her wie ein Zauberkünstler, der beweisen will, dass sich nichts darin versteckt. Zu guter Letzt landet das Handtuch in der zweiten Wanne, neben dem Zipp-Beutel. Auf gut Glück greift der Beamte in das jetzt freigelegte, zugegebenermaßen ziemlich unordentliche Knäuel aus Schmutzwäsche, zieht das erstbeste Stück heraus und hält es hoch in die Luft.

„Was ist das?", fragt er mich mit strengem Blick.

„Ein Schlüpfer meiner Frau!", erwidere ich knapp. Wie ist der denn in meine Tasche gekommen? Egal, ist ja sowie Schmutzwäsche···

„Aha!"

Am Nachbarband, zwei Meter von mir entfernt, kichern zwei junge Spanierinnen, deren Gepäck dort von einer Beamtin durchwühlt wird, ungehemmt. Ich werfe ihnen grimmige Blicke zu, die sie aber komplett ignorieren. Ja, ich weiß, die Figur meiner Frau ist, wie meine eigene auch, nicht mehr ganz das, was sie einmal war, und das sieht man natürlich auch ihrer Wäsche an. Aber wartet nur, ihr blöden Hühner, mal sehen, wie eure Unterwäsche in dreißig Jahren ausschaut!

Der Beamte hat der derweil in meiner Tasche ein neues, interessantes Kleidungsstück entdeckt und befördert es ans Tageslicht: meine lange Unterhose.

Die Spanierinnen brechen jetzt in lautes Gelächter aus.

Ja, mein Gott, in Frankfurt war ´ s vor ein paar Tagen noch bitter-kalt! Auch wenn man das hier in Spanien, wo es selbst im Januar noch 20° C hat, nicht glauben mag.

Meine lange Unterhose wird hin und her gedreht, die Beine sorgfältig von außen nach innen gewendet. Ich könnte da drinnen ja was Gefährliches versteckt haben, nicht wahr? Dann stutzt der Kontrolleur, zieht einen Gummihandschuh aus und reibt den Stoff meiner Unterhose prüfend zwischen Daumen und Zeigefinger.

„Ist das Microfaser?", fragt er verblüfft.

Ich sehe ihm ungläubig ins Gesicht. Ja, was zum Teufel hat denn das Material meiner Unterhose mit der Flugsicherheit zu tun?

Ich atme tief durch und beschließe, diese Frage nicht großartig aufzuwerfen. Würde ja nur zu unnötigen Verwicklungen führen···

„Nein, keine Microfaser", presse ich also zwischen zusammen gebissenen Zähnen hervor. „Das ist Seide."

Jawohl, ich oute mich, ich besitze tatsächlich einige Garnituren rein-seidener Unterwäsche. Trägt sich nicht nur angenehm, ist auch sehr, sehr leicht. Viel leichter als Baumwolle. Gerade auf Flugreisen ein unschätzbarer Vorteil.

Nach einem anerkennenden Nicken seitens des Beamten landen auch die langen Unterhosen in der Plastikwanne.

Am Nachbarband befördert die dortige Beamtin einen BH ans Tageslicht und tastet die eingenähten Bügel ab. Dabei fällt auch ein ziemlich knapper, farblich zum BH passender String-Tanga heraus, und ich revanchiere mich bei den beiden Mädchen mit einem leisen, aber deutlich hörbaren Pfiff. Sie tun mir tatsächlich den Gefallen, rot zu werden, wenden sich ab – und hören auf, dumm herum zu gackern. Ja, manchmal muss man wirklich auch für kleine Gnaden dankbar sein…

Mein Beamter hat sich mittlerweile durch einige Unterhosen und zwei verschwitzte Hemden gearbeitet und sie in der Wanne deponiert. Jetzt hält er eines meiner Unterhemden auf Armeslänge von sich.

„Auch Seide?", fragt er grinsend.

„Ja", knurre ich einsilbig, und auch das Unterhemd landet bei der bereits kontrollierten Wäsche.

Dafür darf jetzt meine schmutzige Jeanshose ans Tageslicht. Der Kontrolleur begutachtet sämtliche Hosentaschen – und stößt dabei auf die im Bund verborgenen Gummizüge, die den Bund elastisch machen. Dehn-Bund nennt man das. Ja, wie schon erwähnt, auch meine Figur… aber lassen wir das.

Der Beamte hält meine Hose hoch, dehnt den Bund auseinander, lässt ihn wieder zusammenschnurren und dehnt ihn wieder. Macht ihm sichtlich Spaß. Schließlich landet auch die Jeans in der Wanne, begleitet vom Kommentar: „Raffiniert! Wirklich raffiniert!"

Dann verfinstert sich das Gesicht des Beamten. Dunkle Gewitterwolken ziehen über seine Miene. Er zieht einen Metallgegenstand aus meiner Tasche: ein kleines Sommeliermesser. Dabei handelt es sich im Prinzip um einen Korkenzieher, der wie in einem Taschenmesser eingeklappt werden kann. Zusätzlich ist eine kleine, gebogene, ebenfalls einklappbare Klinge montiert, die dazu dient, die Kapseln an Weinflaschen aufzuschneiden. Haben wir dabei, weil es in Spanien ja bekanntlich recht gute Rotweine gibt und es doch wirklich schade wäre, die nicht trinken zu können, nur weil man die Flasche nicht aufkriegt, oder? Allerdings frage ich mich, wie dieser hochgefährliche Gegenstand überhaupt ins Handgepäck geriet. Eigentlich sollte er in unserer großen Reisetasche aufgegeben worden sein…

Der Beamte klappt sorgfältig den Korkenzieher und den Kapselschneider aus und unterzieht das geöffnete Sommeliermesser einer intensiven Begutachtung, bevor er mich mit hochgezogenen Augenbrauen intensiv-fragend, strafend anschaut.

Ich zucke die Achseln: „Übersteigt alles nicht die Länge von sechs Zentimetern."

Irgendwo glaube ich nämlich mal gehört zu haben, dass eine Klingenlänge von sechs Zentimetern den Grenzwert für Messer im Handgepäck darstellt. Ich bin mir zwar nicht sicher, ob das wirklich stimmt, und nachgemessen habe ich bei dem Messer auch noch nie, aber irgendwas muss ich ja sagen. Der Sicherheitskontrolleur hat wohl auch mal so was gehört. Jedenfalls klappt er nach einer langen Sekunde des Nachdenkens das Sommeliermesser wieder zusammen und legt es zu meinen Habseligkeiten in die Wanne.

Ich werfe einen Blick zum Nachbarband: Dort ziehen eben die beiden Spanierinnen ab. Eine trägt ihre Tasche, die andere hat einen großen Haufen Wäsche im Arm, aus dem pikanterweise der BH von vorhin heraus baumelt. Die beiden haben ´ s wenigstens hinter sich. Ich grinse vor mich hin, als der Beamte meine Aufmerksamkeit erneut beansprucht. Er ist jetzt auf eine meiner Socken gestoßen. Er hat die Socke heraus gezogen, betrachtet sie von allen Seiten, wendet sie von links nach rechts und wieder zurück. Er erhält aber eine Fehlanzeige: Die Socke ist ebenso leer wie vorhin meine lange Unterhose.

Nichts darin versteckt. Gar nichts.

Kein Maschinengewehr, kein Sprengstoff, nicht einmal eine Mohammed-Karikatur. Richtig enttäuschend. Wäre sie nicht getragen und verschwitzt, könnte man sagen, die Socke sei sauber.

Dafür begutachtet der Beamte wieder ausgiebig das Material: „So was habe ich noch nie gesehen. Was ist das?"

„Kaschmir", murmle ich einsilbig. Ja, Herrgott, es war wirklich kalt in Frankfurt!

Leise verfluche ich das Schicksal. Warum, warum, musste ich von allen verfügbaren Kontrolleuren ausgerechnet einen Wäschefetischisten erwischen?

„Daraus kann man Socken machen?", fragt der Kontrolleur erstaunt, aber ich fasse das als rhetorische Frage auf und mache mir nicht die Mühe, zu antworten. Natürlich kann man Kaschmir zu Socken verarbeiten. Sieht er doch. Er hält ja immerhin so ein Teil in der Hand.

„Hören Sie", versuche ich stattdessen, das Verfahren abzukürzen, „wenn Sie mir sagen würden, was Sie eigentlich suchen, könnte ich Ihnen ja vielleicht helfen?"

Der Kontrolleur schüttelt den Kopf: „Nichts Spezielles. Wir müssen nur alles richtig gut durchsehen. Vorschrift. Und Ordnung muss schließlich sein."

OK, da lässt sich nur schwer widersprechen.

Weitere lange, quälende Minuten später sind alle meine schmutzigen Kleidungsstücke aus der Tasche in die daneben stehende Wanne geräumt. Der Beamte stößt jetzt in Bereiche meiner Reisetasche vor, die ich selbst schon länger nicht mehr besucht habe.

Er birgt aus den Tiefen des Gepäckstücks eine Handvoll Spucktüten mehrerer Fluggesellschaften – ich weiß eigentlich selbst nicht, warum ich die einsteckte. Eine enthält, wie die Kontrolle zeigt, tatsächlich ein paar Tampons meiner Frau, die sie schon suchte, und ich ernte wieder mal einen strengen Blick seitens der spanischen Staatsgewalt. Wenigstens verzichtet er aber diesmal auf die Frage, worum es sich dabei handelt.

Es kommen die Gepäckanhänger verschiedener Fluggesellschaften zum Vorschein, zwei Päckchen Papiertaschentücher, ein Kugelschreiber, von dem ich selbst nicht weiß, ob er überhaupt noch funktioniert. Es finden sich ein paar Hustenbonbons – oh je, die haben ja ihre Mindesthaltbarkeit schon vor Ewigkeiten überschritten. Ein paar Zettel, bei denen ich längst vergessen habe, wofür ich sie überhaupt aufhob. Alles wird genauestens begutachtet und in die Wanne gelegt.

Und dann, dann ist meine Tasche leer. Endlich. Der Kontrolleur dreht sie um, und einige Krümel fallen zu Boden. Leer. Unzweifelhaft. Ich atme auf.

Zu früh.

Beim Umdrehen entdeckt der Mann nämlich, dass die Tasche an der Vorderseite über ein kleines Reißverschlussfach verfügt, und das – Ordnung muss schließlich sein – verlangt natürlich auch noch nach einer Kontrolle. Nach einer detaillierten Kontrolle.

Das Fach, so stellt er schnell fest, enthält einige Latex-Einweg-Handschuhe und einige zusammengeklappte OP-Masken aus Papier.

Ja, herrje, in Zeiten von SARS, Schweinegrippe und wer weiß was sonst noch haben wir vorsichtshalber auch so was dabei. Wir haben es noch nie gebraucht, aber meine Frau war der Ansicht, es könne schließlich nicht schaden, und sie hat ja bekanntlich immer Recht.

Der Beamte grinst mich anzüglich an, bevor auch diese Artikel in die mittlerweile gut gefüllte Wanne wandern. Ich hole tief Luft. Was glaubt der eigentlich, was wir damit machen? Nach einem Augenblick Nachdenkens verzichte ich aber auf jeden Kommentar. Würde die Sache nur noch weiter verzögern.

So. Nun ist die Tasche wirklich leer.

Restlos und vollständig.

So leer wie vor vielen Jahren, als ich sie kaufte. Der Sicherheitsbeamte lässt seinen Blick über den Haufen in der Wanne schweifen und spricht die Worte, auf die ich die ganze Zeit sehnsüchtig wartete: „Jawohl, alles in Ordnung."

„Sehr gut", antworte ich erleichtert und will nach der Wanne greifen, um hinter dem Kontrollbereich alles wieder in meine Tasche zu stopfen. Möglichst schnell natürlich, denn dort trippelt meine Frau bereits ungeduldig hin und her und gibt mir eindringliche Signale, die nur bedeuten können, ich solle mich doch endlich beeilen.

Ich werde aber gestoppt.

„Nein, nein!", erwidert der Beamte ebenso freundlich wie gemütlich und greift nach meiner Tasche. „Ich helfe Ihnen beim Einpacken."

Mit diesen Worten beginnt er tatsächlich, meine Habseligkeiten bedächtig wieder in die Tasche zu schichten. Zuerst den Krimskrams, der kommt in das kleine Reißverschlussfach. Dann die Wäsche – die er aber nicht einfach in die Tasche stopft, so, wie ich das heute Morgen tat. Nein, er legt meine Wäsche tatsächlich Stück für Stück zeitaufwändig und sorgfältig zusammen.

Jedes Hemd, jedes Unterhemd, jede Unterhose.

Die verschiedenen Socken werden säuberlich sortiert und ineinander gesteckt, bevor sie ihren Platz in der Tasche wieder einnehmen dürfen.

„Aber das ist doch wirklich nicht notwendig!", erkläre ich verzweifelt, „das ist doch sowieso Schmutzwäsche!"

Wieder ernte ich einen strengen Blick: „Nein, Ordnung muss sein!", belehrt er mich.

Nicht nur ein Wäschefetischist, nein, der hat offenbar auch noch eine Zwangsstörung! Oh mein Gott, warum ausgerechnet ich?

Schließlich, irgendwann, gefühlte Ewigkeiten später ist die Wanne leer und die Tasche wieder voll. Mit energischem Griff schließt der Kontrolleur den Reißverschluss, überreicht mir meine jetzt vorbildlich ordentlich gepackte Tasche und wünscht mir höflich einen guten Flug. Ich bedanke mich und mache, dass ich wegkomme. Wer weiß, was ihm sonst noch einfällt.

Meine Frau empfängt mich ungehalten: „Du hast fast anderthalb Stunden gebraucht! Was wollte der denn von dir? Und unser Flug ist auch schon aufgerufen!"

Im Eilschritt hasten wir zu unserem Gate, wo wir gerade mal zehn Minuten vor Ende des Boarding eintreffen. Das war jetzt wirklich knapp. Unser Flugzeug ist zu meiner Überraschung nicht mal halb voll – oha, da haben wohl einige Passagiere nicht unsere Voraussicht bewiesen.

Gut, gut, die Voraussicht meiner Frau.

Als wir zur Startbahn rollen, greift meine Frau das Thema kopfschüttelnd wieder auf: „Also, so genau und gründlich sind wir wirklich noch nie kontrolliert worden!"

„Was heißt hier wir?", erkundige ich mich erbost. „Du wurdest doch gar nicht kontrolliert. Von dir wollten sie ja noch nicht mal den Pass sehen. Ich wurde kontrolliert!"

Der Schub des Startlaufs drückt mich in die Lehne meines Sitzes.

„Aber für eines war´s gut", füge ich nachdenklich hinzu. „Ich bin noch nie im Leben mit solch ordentlicher Schmutzwäsche nach Hause gekommen!"

Customer-Service

Meine Frau und ich sitzen im Wohnzimmer und widmen uns unserer Lieblingsbeschäftigung: der Reiseplanung. Wir treten nämlich in einem knappen Jahr eine Kreuzfahrt durch den Panamakanal an, und da diese Reise in Miami beginnt und in Los Angeles endet, brauchen wir natürlich für die An- und Abreise die entsprechenden Flüge. Einen Gabelflug, wie die Reiseexperten eine solche Kombination verschiedener Flughäfen nennen.

„Na, das schaut doch ganz gut aus!", meine ich und weise auf den Bildschirm unseres Laptops, auf dem gerade ein Angebot einer großen, deutschen, international tätigen Fluggesellschaft erscheint. Einer großen, deutschen Gesellschaft, die einen blauen Kranich auf gelbem Grund auf dem Leitwerk ihrer Flugzeuge führt.

Meine Frau runzelt unwillig die Stirn: „Lufthansa? Ausgerechnet Lufthansa!? Hast du etwa den September 2012 vergessen?"

Sie bedenkt mich mit einem finsteren Blick, unter dem ich etwas unbehaglich auf meinem Sofa hin und her rutsche.

Den September 2012 habe ich nämlich nicht vergessen. Wie könnte ich auch. Wir waren damals wegen eines Streiks des Kabinenpersonals auf einem ausländischen Flughafen gestrandet und in den Genuss der berühmten Lufthansa-Kundenbetreuung gekommen. Die ziemlich genau neunzig Sekunden in Anspruch genommen hatte. Genau so lange eben, wie die genervte Bodenhostess brauchte, uns zu informieren, dass es für uns keine Kundenbetreuung durch Lufthansa gebe.

Kein Hotel, keine Verpflegung, nichts, gar nichts.

„Wollnse nu das Ticket für morgen oder nicht?", war der letzte Satz der Hostess gewesen. Und auch mit der Erstattung der angefallenen Kosten hatte sich Lufthansa später dann noch Monate Zeit gelassen. Nein, der September 2012 bleibt mir noch sehr, sehr lange in Erinnerung…

„Na ja", erkläre ich meiner Frau, „aber jeder hat doch eine zweite Chance verdient, meinst du nicht? Und Lufthansa fliegt ja wenigstens beide Strecken direkt und ohne lästiges Umsteigen!"

„Also, mir hat ein Zwischenstopp in London oder Paris bisher nun wirklich nichts ausgemacht!", merkt meine Frau spitz an.

„Und sie bieten den günstigsten Preis!", gebe ich zu bedenken. „Da können wir sogar gleich sogenannte Plätze mit erhöhter Beinfreiheit, ach nennen wir sie einfach XL-Plätze, für 60 € pro Person und Strecke reservieren und sparen gegenüber der Konkurrenz trotzdem noch."

„Naaaaa gut", willigt meine Frau widerstrebend und widerwillig ein, „weeeeenn du meinst…"

Und dann folgt ihr Lieblingssatz, den sie seit Neuestem immer verwendet, wenn sie mir die alleinige Verantwortung für eine Reiseentscheidung aufbürden will: „Ich bin ja sowieso nur Statistin und laufe einfach hinter dir her."

OK, bitte sehr.

Ich buche und bezahle die Lufthansa-Flüge mit den XL-Sitzen.

Abgehakt.

Leider wohl doch noch nicht so ganz.

Einige Wochen nach unserer Buchung flattert eine E-Mail ins Postfach, in dem uns die große, deutsche, international tätige Fluggesellschaft mit dem Kranich mitteilt, unsere Platzreservierungen für den Rückflug aus Los Angeles seien aus „technischen Gründen" geändert worden. Wir seien auf andere Plätze umgebucht. Und zwar auf ganz normale Standard-Economy-Sitze. Sorry.

„So ein Mist!", kommentiert meine Frau. „Haben sie wenigstens die 120 € Reservierungsgebühren erstattet?"

Ich überfliege die Buchung.

„Nein, haben sie nicht!", muss ich meiner Frau mitteilen, die irgendwie ganz und gar nicht überrascht wirkt.

Ich greife umgehend zum Telefon. Immerhin verfügt die Lufthansa ja über eine Kundenbetreuung – nein, einen Customer-Service, wie das jetzt auf gut Deutsch heißt – der vierundzwanzig Stunden am Tag und sieben Tage in der Woche verfügbar ist. Ich erreiche prompt und ohne Warteschleife eine nette Customer-Service-Mitarbeiterin mit einem schweren, international-osteuropäischen Akzent, die sich mein Problem anhört, mir aber nicht wirklich weiterhelfen kann.

„Wir führen gerade eine neue Buchungsklasse ein, die Premium Economy", erzählt sie mir und vertraut mir dann an, dass sich im Augenblick keiner mehr auskenne.

„Premium Economy?", hake ich neugierig nach. „Wie viel würde denn ein Upgrade kosten?"

Das Entsetzen der Frau ist fast mit Händen greifbar. Eine Umbuchung!? Mit unserem Tarif? Ausgeschlossen. Absolut ausgeschlossen! Auf gar keinen Fall. Und auch eine Rückerstattung der Reservierungsgebühren für die XL-Sitze sei übrigens nicht vorgesehen. Selbst wenn es diese Sitze gar nicht mehr gibt.

„Das ist nicht akzeptabel!", entgegne ich, nicht ohne eine gewisse Schärfe. „Wenn Sie für bessere Sitzplätze Geld kassieren, müssen Sie sie auch liefern! Oder zumindest den Preis zurück zahlen!"

Sie könne mich und meinen Standpunkt ja durchaus verstehen, versichert mir die Customer-Service-Dame, aber leider, leider, leider überhaupt nichts machen. Außer natürlich den Vorgang an die Reservierungsabteilung weiter zu geben. Und ich, ich solle einfach ein bisschen Geduld haben und in ein paar Tagen wieder anrufen.

Ein Rat, den ich natürlich gerne und hoffnungsvoll annehme.

Ganze zwei Wochen lang.

Ich spreche in diesen zwei Wochen geduldig unter anderem mit einem netten Kundenbetreuer, der international-indisch klingt, einem weiteren, netten Herren, der ein erfrischend kühles, internationales Norddeutsch spricht, einer netten Dame mit breitem, international-australischem Einschlag und noch anderen, netten, höflichen und zuvorkommenden Customer-Service-Leuten, deren Sprachmelodien und Akzente eindeutig international nicht zuordenbar sind. Alle wollen sie mir helfen, keiner von ihnen kann es. Das Gespräch verläuft immer gleich: Nein, ein Upgrade wird nicht zugelassen, eine Erstattung der Gebühr ist nicht ohne weiteres möglich, und man gibt den Vorgang an die Reservierungsabteilung.

„Nun reicht ´ s!", meint meine Frau schließlich und gibt mir zu verstehen, dass zumindest ihre Geduld jetzt erschöpft ist. Sie wirkt noch mehr verärgert als üblich.

„Die Telefoniererei bringt doch gar nichts! Tu endlich was!"

Mach ich.

Ich setze eine E-Mail an den Customer-Service von Lufthansa auf. Und nehme mir dabei kein Blatt vor den Mund.

Immerhin war ich ja bis jetzt wirklich sehr geduldig.

Immerhin handelt es sich ja um eine große, namhafte, international tätige Fluggesellschaft, die sicher auf ihren Ruf größten Wert legt.

Vor dem Absenden werfe ich aber, rein vorsichtshalber, noch mal einen Blick in die Buchung... hey! Was ist denn das?

„Die Reservierungsgebühr taucht nicht mehr in der Rechnung auf!", informiere ich freudig meine Frau. „Hat man wohl doch erstattet. Und wir wurden nochmal umgebucht. Wir haben jetzt Premium-Eco-Sitze!"

„Waaas?", staunt meine Frau, fassungslos, und gibt sich plötzlich unerwartet versöhnlich. „Wie denn das? Erst dürfen wir nicht mal gegen Gebühr umbuchen, und jetzt gibt man uns auf einmal die besseren Plätze und bezahlt sogar noch was zurück? Na, das nennt man wirklich großzügig!"

„Nein, das nennt man wirklich dämlich!", kichere ich. „Vermutlich ist unser Vorgang durch meine verschiedenen Anrufe mehrfach an die Reservierungssachbearbeitung weitergeleitet worden, und unser Problem lag zum Schluss in der Reservierungszentrale gleichzeitig bei mehreren Sachbearbeitern···"

„··· von den einer nicht wusste, was der andere vorhat!", vollendet meine Frau den Satz und kichert jetzt auch. Nicht ohne eine gewisse Schadenfreude.

„Geschieht denen Recht!"

Dann wird sie plötzlich nüchtern: „Und? Was wirst du jetzt unternehmen?"

Ich bewege den Cursor auf meinem E-Mail-Entwurf vorsichtig, ganz, gaaanz vorsichtig von „Senden" auf „Löschen", bevor ich klicke.

„Nichts", antworte ich meiner Frau, ebenfalls ganz nüchtern, „gar nichts. Vielleicht merken sie ´ s ja nicht."

Sie merken es doch.

„Wir sind zum dritten Mal umgebucht worden", muss ich meine Frau eine Woche später nach einem Blick in unsere Buchung betreten informieren. Irgendwie finde ich es mittlerweile auch ziemlich nervig, selbst immer wieder nachgucken zu müssen. Die Reservierungsabteilung hält es nämlich offenbar nicht mehr für nötig, uns über die fortwährenden Änderungen zu informieren. „Vielleicht merken sie ´ s nicht", das scheint auch bei der Kranich-Gesellschaft die Devise zu sein.

„Wieder auf Standard-Eco?", fragt meine Frau müde.

„Würde ich nicht so sagen", druckse ich herum. „Ich würde das eher Sub-Standard-Economy nennen."

Gleichzeitig drehe ich den Laptop so, dass meine Frau die Buchungsübersicht erkennen kann.

„Hm, du sitzt jetzt auf einmal auf 16C", meint sie nach einem kurzen Blick, „aber wo sitze ich?"

Ich scrolle die Buchungsmaske nach unten.

„Auf 35A", erläutere ich betont sachlich und sehe auf der Stirn meiner Frau eine Ader anschwellen.

„Die setzen uns in einem fast leeren Flugzeug neunzehn Reihen auseinander? Haben die noch alle Tassen im Schrank?"

„Na ja, das ist eben richtig guter Customer-Service", kläre ich meine Frau grinsend auf. „Die wissen jetzt schon ganz genau, dass wir nach drei Wochen gemeinsamer Reise wahrscheinlich nicht mehr nebeneinander sitzen wollen!"

„Lass die blöden Witze", faucht meine Frau ohne jede Spur von Humor, „ich will doch nicht elf Stunden neben irgendjemanden Wildfremden sitzen!"

„Ja, ja", erwidere ich beruhigend, „und ich weiß auch, was wir machen. Schau, dort in Reihe 27 sind jetzt auf einmal doch wieder XL-Plätze ausgewiesen. Da schnappen wir uns zwei, und die Sache ist ein für alle Mal erledigt!"

Ist sie nicht.

„Ich kriege diese neuen XL-Plätze nicht aus dem Kopf", grübelt meine Frau am nächsten Abend laut. „Waren die nicht im Flugzeug genau an dem Platz, an dem schon die alten waren? Da, wo doch jetzt angeblich die Premium Eco untergebracht wird?"

Ich schüttle den Kopf, rufe aber dann seufzend unsere Buchung auf – und muss meiner Frau Recht geben: tatsächlich! Da stimmt mal wieder was nicht.

Ich lade den offiziellen, vollständigen Sitzplan der Lufthansa herunter und lege ihn neben die Buchungsmaske auf den Bildschirm. Verdammt. Die Buchungsmaske und der vollständige Sitzplan stimmen nicht überein. Überhaupt nicht. Unsere XL-Plätze befinden sich in der Realität offenbar ganz woanders als in der Buchungsmaske angezeigt. Nicht bei den Toiletten, mit ewig Beinfreiheit, sondern laut Sitzplan direkt hinter einem Querschott. Nicht einmal ein Sitz davor, unter den man die Beine strecken könnte. Das sind doch überhaupt keine XL-Plätze! Die sehen in meinen Augen eher wie XS-Sitze aus···

So, jetzt ist die E-Mail fällig. Das muss mir der Customer-Service der Lufthansa jetzt wirklich erklären. Und zwar genau. Ganz genau.

Die Reaktion des Customer-Service auf meine E-Mail erfolgt prompt und blitzschnell. Gerade einmal zwei Wochen und etliche öffentliche Nörgelei auf Facebook später erhalte ich eine demonstrativ kühl formulierte Mail und lasse sie meine Frau lesen. Vor allem die bedeutungsschwangeren Hinweise, das Ganze sei „ordnungsgemäß" abgelaufen, und „nähere Erläuterungen" zu den gebuchten Sitzen seien „nicht möglich". Beim Satz, dass „eine bestätigte Sitzplatzreservierung keinen rechtlichen Anspruch auf einen bestimmten Sitzplatz darstellt", schaut sie auf.

„Heißt das, das wir zwar für einen bestimmten Sitzplatz bezahlen, Lufthansa ihn aber gar nicht bereit stellen muss?", fragt sie verwirrt.

Ich nicke.

Zumindest sieht das man das in Köln so.

„Du, sag mal", fährt sie nach einer langen Pause fort, „haben wir denn überhaupt einen Rechtsanspruch darauf, von Los Angeles nach Frankfurt geflogen zu werden? Ich meine, nicht, dass auch das noch im Belieben von Lufthansa steht? Ich frage ja nur···"

Ich öffne den Mund, schaue sie erschreckt an und klappe meinen Mund wieder zu. Sie stellt da nämlich eine sehr gute Frage. Und ich kann sie nicht auf Anhieb beantworten. Vor meinem geistigen Auge sehe ich uns schon in Frankfort, Kentucky statt in Frankfurt am Main landen. Ich denke, da muss ich mir nachher die AGBs doch mal detailliert vorknöpfen…

Meine Frau kommt derweil zum letzten Absatz der Mail. Dort heißt es – und unter den gegebenen Umständen lässt sich jetzt der blanke Hohn des Customer-Service auch beim besten Willen nicht mehr ignorieren – dass man sich freuen würde, uns bald wieder an Bord eines Lufthansa-Fluges begrüßen zu dürfen.

„So, und jetzt?", fragt meine Frau schließlich und mit einer Ruhe, die ich in vielen Ehejahren als gefährlich kennen gelernt habe.

„Na ja, das alles ist ja wohl eindeutig", seufze ich vorsichtig. „Lufthansa hat die Buchung, Lufthansa hat unser Geld, und jetzt sollen wir den Customer-Service gefälligst in Ruhe lassen und dankbar sein, dass sie überhaupt geruhen, uns zu befördern. Gut, ich schreibe jetzt doch mal einen Brief an den Vorstandsvorsitzenden persönlich…"

„Und du glaubst, der liest das?", unterbricht mich meine Frau.

Jetzt ist sie es, die eindeutig höhnisch klingt.

Ich schüttle den Kopf.

„Nein, garantiert nicht. Aber der hat mit Sicherheit ja einen Kofferträger, dessen Kofferträger vielleicht einen Kofferträger-Trainee hat, der sich die Sache mal kurz anschaut. Aber ehrlich gesagt glaube ich nicht, dass das noch viel bringt. Jetzt müssen wir einfach durch. Mitsamt unseren XS-Sitzen."

„Mit anderen Worten: Die lassen uns am ausgestreckten Arm verhungern!", kommentiert meine Frau erbost und steht vom Sofa auf, um aus dem Wohnzimmer zu stürmen. Sie hält kurz inne und richtet den Zeigefinger vorwurfsvoll auch mich: „Ich weiß, dass die Worte Ich habe es ja gleich gesagt! nicht fein sind, aber: Ich habe es dir ja gleich gesagt!"

Was ich nicht weiter kommentiere. Sie hat ja ohne jeden Zweifel Recht. In wirklich jeder Hinsicht…

„Apropos Verhungern", versuche ich das Thema zu wechseln, „was gibt´s eigentlich heute zum Abendessen?"

Meine Frau, bereits an der Wohnzimmertür, dreht sich nachdenklich um.

„Keine Ahnung. Ach, weißt du was? Ruf doch einfach bei meinem Customer-Service an!"

„Du hast einen Customer-Service?", frage ich verblüfft. „Einen Customer-Service für hungrige Ehemänner?"

„Klar. Was eine internationale Fluggesellschaft kann, kann ich mit meiner internationalen Küche doch schon lange."

Mir schwant Übles, und ich muss einen schrecklichen Augenblick lang an Weight-Watchers denken.

„Du beziehst das aber doch hoffentlich nicht auf das am ausgestreckten Arm verhungern lassen?", erkundige ich mich beklommen.

„Warum nicht? Du musst schon zugeben, dass ein solcher Customer-Service schon was Feines ist. Besonders, wenn man mal wirklich keine Lust hat, tatsächlich etwas zu tun!"

Dann steckt sie ihren Kopf noch mal kurz ins Wohnzimmer: „Übrigens würde ich mich freuen, wenn ich dich trotzdem bald wieder in meiner Küche begrüßen darf!"

Moderne Technik

Ich lehne mich in meinem Wohnzimmersessel zurück und öffne wohlgemut meinen Laptop. Wohlgemut deswegen, weil meine Frau und ich uns kurzfristig entschlossen haben, dem kalt-feuchten Winter für ein paar Tage zu entfliehen und nach Spanien zu fliegen.

Morgen schon.

Nach Valencia, um genau zu sein. Eine tolle Stadt. Ach, ich spüre schon die Sonne auf der Haut···

Vorher gibt ´s aber noch eines zu tun: nämlich für den Hinflug einzuchecken. Kann und soll man mittlerweile ja online von zu Hause aus machen.

Leichte Übung.

Also rufe ich die Website unserer Gesellschaft, einer großen, französischen Fluggesellschaft auf. Nach den Service- und Streikproblemen, die wir in den letzten Monaten mit Lufthansa hatten, und auch aufgrund der Preisdifferenz haben wir uns nämlich für deren Konkurrenz entschieden und nehmen in Kauf, in Paris umsteigen zu müssen. Auf einen Flug von Air Europa übrigens, einer spanischen Gesellschaft, nur so nebenbei, die allerdings per Code-Sharing als Air-France-Flug gebucht werden kann.

Schöne, globale Welt.

Nach einigen Klicks bestätigt mir die große, französische Konkurrenz des großen, deutschen Unternehmens, dass der Check-In erfolgreich war und ich die Bordkarten ausdrucken kann.

Na bitte, alles kein Problem.

Moment.

Ausgedruckt werden können nur die Bordkarten für die erste Teilstrecke nach Paris. Für die zweite Teilstrecke von Paris nach Valencia, für den Streckenabschnitt mit Air Europa müsse ich mich am Check-In-Schalter melden, belehrt mich die Homepage in strengem Ton. Dort würden unsere Bordkarten bereit liegen.

Hm. Wir fliegen nur mit Handgepäck und hatten eigentlich gar nicht vor, irgendwelche Check-In-Schalter aufzusuchen und dort auch noch Schlange zu stehen. Und überhaupt: welcher Check-In-

Schalter? Der Air-France-Schalter in Frankfurt? Der in Paris? Oder der Air-Europa-Schalter in Paris? Steht hier nirgendwo···

Ärger erfasst mich.

Ja, sagt mal, spinnt ihr? Ich will die Bordkarten hier und jetzt, und zwar pronto!

Ich schimpfe halblaut vor mich hin, was aber weder meinen Laptop noch die Air-France-Website im Mindesten beeindruckt.

„Ist was, Schatz?", fragt meine Frau vom Frühstückstisch im Esszimmer, aber ich beachte sie nicht. Ich denke nach. Da muss man doch irgendwas machen können···

Bei Air France nicht, so viel wird nach einigen vergeblichen Experimenten auf deren Homepage klar. Für den Air-Europa-Flug gibt es dort keine Bordkarten. Basta.

Ich erwäge für einen Augenblick, das Call-Center von Air-France anzurufen, schrecke dann aber davor zurück. Wenn die genauso gut organisiert sind wie ihre deutsche Konkurrenz, dann werde ich vermutlich nämlich mit einem Mitarbeiter in der Antarktis verbunden, der zwar freundlich, aber ebenso hilflos sein wird wie ich. Kennen wir ja zur Genüge···

Was geht sonst noch?

Ich rufe, ohne große Hoffnung und in der festen, unangenehmen Überzeugung, dass wir uns doch noch irgendwo einen Check-In-Schalter suchen müssen, die Homepage der spanischen Gesellschaft auf und gebe die Vorgangsnummer der französischen Buchung ein. Wäre allerdings schon ein Wunder, wenn der Computer in Madrid damit was anfangen könnte···

He! Tatsächlich! Er kann!

Auf dem Bildschirm erscheinen wirklich unsere Namen und die zweite Teilstrecke unseres Fluges, und zwar – Die Wunder hören niemals auf! – zusammen mit dem Angebot, doch gleich jetzt online einzuchecken.

Na also! Ich folge den Anweisungen der spanischen Maschine – und erhalte zum Schluss des Vorgangs die Nachricht, dass das Einchecken so leider nicht möglich sei. Ich brauche dazu eine App, belehrt mich die Maschine.

Eine App? Ja, wofür denn? Ich will keine. Was soll ich auch mit einer Air-Europa-App? Wir wollen nur mit denen fliegen, mehr nicht.

Ich fluche auf Spanisch vor mich hin und starte den Vorgang neu. Wieder denkt der Computer in Madrid lange, lange Sekunden nach, wieder präsentiert er mir die Bordkarten auf dem Bildschirm. Wieder kommt die Aufforderung, die App herunterzuladen, wieder erkläre ich ihm, dass seine Mutter eine verlauste Hündin gewesen sein müsse.

Dann, nach weiteren endlosen Sekunden erscheint auf einmal, fast unvermittelt, klein, ob der bereits ausgeteilten Verbalinjurien ausgesprochen beleidigt wirkend, ganz links unten ein winzig kleiner Button: Print. Habe ich den vorhin übersehen? Nein, der ist neu. Aber egal. Ich klicke den Button an, schnell, ehe er wieder verschwindet, höre prompt den Drucker losschnattern und lehne mich befriedigt in meinem Sessel zurück.

Wir haben unsere Bordkarten.

Stefan gegen die geballte Computer-Leistung von Air France und Air Europa: 1 : 0.

Na bitte.

Geht doch.

Ich hole die Bordkarten aus dem Drucker und begebe mich zurück an den Frühstückstisch.

„Was hat denn da so lange gedauert?", will meine Frau kritisch wissen. „Jetzt ist dein Tee ganz kalt geworden. Ich glaube, das nächste Mal mach ich das. Irgendwie habe ich den Eindruck, dass du langsam alt wirst. Du kommst halt mit moderner Technik einfach nicht mehr richtig zurecht."

Warteliste

Es ist ein wunderschöner Morgen in Athen. Die Sonne scheint, das Wetter ist trotz der frühen Stunde schon angenehm warm.

Ein Sommermorgen in Griechenland eben.

Viel zu früh am Morgen, zumindest für meinen Geschmack.

Allerdings blieb uns nichts anderes übrig, als früh aufzustehen. Es ist der letzte Tag unserer Kreuzfahrt, und alle Reedereien haben eines gemeinsam: Sie möchten die Gäste am letzten Tag so schnell wie möglich loswerden.

Die nächsten warten schließlich schon.

Diese besondere Gesellschaft schießt allerdings mit ihrer Eile den Vogel ab: Bereits um halb acht fährt unser Shuttle zum Flughafen, und so werden wir um sieben Uhr mehr oder weniger von Bord geworfen.

Wir erreichen den Flughafen um kurz nach acht und setzen uns etwas ratlos auf eine der Bänke in der großen, neuen Wartehalle. Unser Flug geht nämlich erst um sechs Uhr am Abend, wir haben also zehn Stunden Wartezeit vor uns. Meine Frau und ich überlegen, ob wir unser Gepäck in einem Schließfach unterbringen und uns ein Taxi zurück in die Stadt nehmen, entscheiden uns aber dagegen. Die Zeit ist eigentlich zu knapp, um ohne Führer etwas Lohnendes zu unternehmen, und der Gedanke, in einer von der Augustsonne durchglühten Großstadt herum zu stolpern, in der wir nicht einmal die Straßenschilder lesen können – als Analphabeten gewissermaßen – reizt uns nicht besonders, schon gar nicht in Begleitung unseres elfjährigen Sohns. Also gut, warten wir eben.

Nach ungefähr zwanzig Minuten wird mein Sohn, der neben mir sitzt, unruhig und fängt an zu zappeln. Ich weiß genau, welche Frage ihm auf den Lippen liegt, und schließlich platzt er heraus:

„Papa, wie lange dauert es noch?"

Ich seufze und antworte ihm: „Ungefähr eine halbe Stunde."

Er schaut mich ob dieser schamlosen Lüge vorwurfsvoll an, was mich aber nicht besonders beeindruckt. Immerhin kann er die Uhr lesen, und wer dumm fragt, bekommt eine dumme Antwort.

Glücklicherweise erscheint jetzt eine Ablenkung. Ein Ehepaar mit einem Hund an der Leine erscheint in der Halle und begibt sich zu den Check-In-Schaltern. Der Hund ist jung und verängstigt, und er geht nicht, sondern wird von seinen Besitzern an der Leine hinter ihnen her geschleift. Er stemmt sich winselnd mit allen vier Beinen gegen den Boden, aber das hilft ihm nichts. Der Boden ist nämlich mit glattem, poliertem Granit belegt, so dass er keinen Halt findet. Schließlich verliert das arme Tier vor lauter Angst die Kontrolle über seinen Darm und verrichtet sein Geschäft mitten auf dem strahlenden, hellen Granit.

Meine Frau wirft mir einen angeekelten Blick zu, ich zucke gleichgültig die Schultern. Ich bin schließlich weder der Betreiber der Flughafens noch für seine Reinigung verantwortlich. Mein Sohn allerdings findet den Vorgang ganz toll, am liebsten würde er alles genau betrachten, angefangen bei dem armen Hund, der sich jetzt zitternd gegen die Beine seines Herrchens drückt, bis hin zu seiner Hinterlassenschaft. So ist meine Frau für die nächste Viertelstunde damit beschäftigt, ihn von näheren Untersuchungen des Vorfalls abzuhalten, bis eine Putzfrau erscheint und das Objekt des Anstoßes beseitigt. Ich werfe einen kurzen Blick auf die Uhr: Kurz vor neun. Noch neun Stunden···

Mein Blick schweift durch die Wartehalle, an der Reihe der Vertretungen der diversen Fluggesellschaften entlang, und plötzlich fällt mir das Logo unseres Flugunternehmens ins Auge und eine Idee ein. Ich weise meine Frau an, hier zu warten, ignoriere ihren fragenden Blick und begebe mich zum Büro der Gesellschaft.

Dort finde ich eine Boden-Hostess vor, die sich sichtlich auch wünscht, jetzt noch ein wenig schlafen zu dürfen. Vor ihr dampft aromatisch ein großer Becher Kaffee. Die Miene, mit der sie mich empfängt, erinnert mich fatal an den Blick, den meine Frau dem Hundehaufen hat zuteil werden lassen. Ich lasse mich aber nicht abschrecken, erläutere der Hostess kurz unsere Lage und frage, ob es frühere Flüge nach Frankfurt gibt und ob noch Plätze frei sind.

Die Hostess schaut mich resigniert an, seufzt, stellt dann aber resolut den Kaffeebecher zur Seite und klappert kurz auf der Tastatur ihres Computers.

Ja und nein, erfahre ich.

Ja, es gibt frühere Flüge, der nächste in ungefähr zweieinhalb Stunden.

Nein, es sind keine Plätze frei, alles ausgebucht.

Ob man da denn gar nichts machen könne, insistiere ich. Die Hostess nimmt nachdenklich einen großen Schluck Kaffee aus ihrem Becher, was sie hinreichend stärkt, nochmals die Tastatur bearbeiten zu können. Nun ja, so erklärt sie mir zögerlich, nicht immer erscheinen alle Passagiere zum Abflug, und so werden mitunter in letzter Minute noch Plätze frei. Sie könne uns daher gerne auf die Warteliste setzen, wenn ich das wünsche…

Ich wünsche.

Also werden – mit Unterstützung eines weiteren Bechers frischen Kaffees – neue Papiere ausgestellt, mit denen ich stolz, als erfolgreicher Jäger und Ernährer, zu meiner Familie zurückkehre.

Meine Frau ist von meiner Idee allerdings nicht begeistert.

Überhaupt nicht.

Sie befürchtet, das Gepäck zu verlieren, überhaupt in Athen zu stranden. Ich kann allerdings ihre Bedenken zunächst zerstreuen, nicht zuletzt mit dem Hinweis, dass wir ja bereits umgebucht sind. Also begeben wir uns zum Check-In-Schalter, geben unser Gepäck auf, erhalten unsere Stand-by-Tickets und die Aufforderung, uns ungefähr zehn Minuten vor dem Abflug am Gate einzufinden.

Wir suchen uns eine Sitzbank, von der aus wir den Check-In überblicken können, und warten.

Einige Minuten später, nach dem ersten Aufruf des Fluges, von dem wir hoffen, dass er auch unser Flug ist, beginnt der Run. Es bildet sich eine Schlange vor den beiden Schaltern, die immer länger wird.

Schon bei den ersten fünf Wartenden stellt meine Frau pessimistisch fest: „Da kommen wir nicht mehr mit. Bestimmt nicht!", und das wiederholt sie jedes Mal, sobald einige Leute mehr dazukommen. Ich brauche mittlerweile gar keinen Blick auf die Schlange vor den Schaltern zu werfen, sondern bin allein durch ihre Ansage im Bilde. Schließlich, eine halbe Stunde vor dem Abflug und nach einem letzten „Da kommen wir ganz bestimmt nicht mehr mit!" versiegt der Strom schließlich, und insgeheim muss ich einräumen, dass meine Frau wohl recht hat.

Wie immer.

Es sieht nicht so aus, als hätte jemand abgesagt.

Trotzdem begeben wir uns eine Viertelstunde vor dem Abflug zum Flugsteig. Ich wende mich an einen netten, jungen Gästebetreuer, zeige ihm meine Tickets und erhalte die Auskunft, dass man leider noch keine Gewissheit habe, ob noch Plätze auf dem Flug frei seien, wir möchten doch so nett sein und dort drüben kurz Platz nehmen. Dort drüben warten bereits drei oder vier Einzelreisende und ein Paar, alle mit Stand-by-Tickets in den Händen.

Wir mustern uns gegenseitig mit misstrauischen Blicken. Alle werden nicht mitkommen, das ist klar. Aber wer wird hierbleiben müssen? Im muss mir eingestehen, dass es wirklich nicht gut aus für uns aussieht.

Fünf Minuten vor dem Abflug allerdings wendet sich das Blatt und der Abfertiger an uns. Mit strahlendem Lächeln informiert er uns, dass noch drei Plätze frei seien, die er uns anbieten könne. Allerdings sind sie nicht nebeneinander, sondern Einzelplätze. Ob uns das etwas ausmache?

Macht es nicht, wie ihm sofort versichere, überhaupt nicht. Zwar ist unsere Maschine ein Großraumflugzeug, ein großer Airbus, ein A300, aber so groß, dass wir den Suchdienst des Roten Kreuzes nach der Ankunft in Anspruch nehmen müssen, um uns wiederzufinden, so groß ist sie nun doch nicht.

Das freut ihn, und sein Lächeln wird noch einen Tick strahlender. Nachdem wir so kooperativ sind, so erklärt er uns, dürfen wir dafür auch in der Business-Klasse fliegen. Mit diesen Worten händigt er uns drei Bordkarten aus, und mit einem ungläubigen Blick und einem herzlichen „Danke!“ treibe ich meine Lieben schleunigst auf die Gangway, damit wir an Bord kommen, bevor er es sich anders überlegt.

An Bord werden wir tatsächlich ins Business-Class-Abteil direkt hinter dem Cockpit gewiesen, und unsere Plätze liegen nicht einmal weit auseinander. Mein Sohn sitzt in Reihe 1 in der Mitte, ich in Reihe 2 rechts und meine Frau in Reihe 5 links.

Binnen kürzester Zeit genießen die beiden die Vorzüge dieser Buchungsklasse. Wir erhalten eine Speisekarte und bekommen ein vollwertiges Mittagessen serviert. Mein Sohn, der ohnehin immer recht lebhaft ist und deswegen von meiner Frau und mir mit koffeinhaltigen Getränken kurz gehalten wird, nutzt die Situation schamlos aus und genehmigt sich eine Cola nach der anderen. Ein Blick über meine Schulter bestätigt mir, dass auch meine Frau schwelgt – sie hat die Lehne ihres bequemen Sessels zurückgefahren, hält ein Champagnerglas in der Hand und hat absolut nichts dagegen, dass einer der freundlichen Stewards – wir dreißig Passagiere hier vorne haben davon ungefähr genauso viele wie die restlichen 270 Passagiere weiter hinten – das Glas immer mal wieder auffüllt. Schade, dass ich später noch Auto fahren muss.

So vergehen die drei Flugstunden ausnahmsweise viel zu schnell, und als wir in Frankfurt aussteigen, als erste natürlich, denn die Passagiere der Economy müssen warten, bis wir von Bord sind, bekommen wir sogar noch ein Schächtelchen mit auf den Weg, das einige leckere Pralinen enthält.

„Du, Papa“, tönt mein Sohn auf dem Nachhauseweg, aufgekratzt von viel zu viel Koffein, den Mund verschmiert von der Schokolade der Pralinen, „in Zukunft fliegen wir immer Business-Class!“

Meine Frau, ein klein wenig beschwipst vom Champagner, pflichtet ihm bei. In Zukunft nur noch Business-Class, was anderes kommt nicht mehr in die Tüte!

Bei der Planung der nächsten Reise rechne ich den beiden allerdings vor, was der Aufpreis kostet, und die Gesichter werden lang.

„Da könnte man ja eine ganze Kreuzfahrt von machen!“, ruft mein Sohn.

Könnte man.

Locker.

Und einstimmig ergeht der Beschluss: Wir bleiben bei Economy. Allerdings, darauf dringt mein Sohn energisch, sollten wir einen möglichst späten Heimflug nehmen.

Und uns wieder auf die Warteliste setzen lassen...

Gepäckkarren

Wir stehen in Mailand vor dem Flughafen. Wir bedeutet: meine Frau, unser fünfzehnjähriger Sohn und ich. Wir haben heute Morgen eine schöne Kreuzfahrt beendet, und die Reederei hat uns mit dem Bus hierher nach Mailand gebracht, von wo aus wir in einigen Stunden unseren Heimflug antreten werden.

Der Bus hat uns direkt vor unserem Terminal abgesetzt, der Busfahrer wuchtet eben unser Gepäck aus dem Frachtraum. Wer selbst einmal eine Kreuzfahrt gemacht hat, weiß, was das bedeutet: pro Person ein großer Koffer und ein Handgepäckstück, also für uns zu dritt insgesamt sechs Koffer und Taschen.

Zu viel, kurz gesagt, um alles einzeln transportieren zu können. Wir brauchen also ein Transportmittel.

Einen Gepäckkarren.

Früher hätte man gesagt: Einen Koffer-Kuli.

Etwas moderner auch Trolley genannt.

Für solche Fälle wie uns hat der Flughafen netterweise vorgesorgt. Es gibt genug Gepäckkarren für jeden, aber, sicher ist sicher, nur gegen ein Pfand von einem Euro. Damit auch jeder Nutzer dieses Pfand brav bezahlt, hat der Flughafen die kleinen Karren in einer Ausgabestation untergebracht, die im Prinzip aus einer Stahlschiene besteht, die ein Rad der Trolleys umschließt, und einem Automaten, der nach Einwurf von einem Euro am Ende der Schiene einen Bolzen öffnet. Dann kann man den Trolley aus der Schiene herausziehen. Somit liegt das Vorgehen für die Beschaffung eines der praktischen Wägelchen eigentlich auf der Hand: Man holt sich den Trolley bis unmittelbar vor den Automaten, wirft das Geldstück ein, und: voila!

Leider entdecke ich, dass vor dem Trolleyparkplatz eine Schlange von fünf oder sechs Leuten wartet, und stelle mich brav an. Dauert ja schließlich nicht lange, kann sich nur um Sekunden handeln. Vor mir stehen einige ältere Damen, die ebenfalls auf unserem Schiff waren, Mitglieder eines norddeutschen Bridgeclubs, wenn ich das richtig verstanden habe.

Leider bemerke ich nach zwei, drei Minuten auch, dass es keinen Schritt vorwärtsgeht, und spähe nach vorne. Die Ursache liegt in der Dame am Kopf der Schlange, neben dem Automaten: Sie steht eisern dort, hält ihren Euro in der Hand und schaut sehnsuchtsvoll nach dem vordersten Trolley in der Ausgabestation, der aber ungefähr zwei Meter vor ihr in seiner Schiene ruht und sich damit außerhalb ihrer Reichweite befindet.

Auf was wartet sie denn?

Meint sie etwa, der kleine Karren begäbe sich freiwillig zu ihr?

Vielleicht ist sie ja telekinetisch begabt?

Worauf sie wartet, wird mir einige Sekunden später klar. Ein junger Mann, der ebenfalls ein Gepäckwägelchen benötigt, hält die Spannung nicht mehr aus. Er geht an der jetzt schon etwas längeren Schlange vorbei, holt sich den begehrten Trolley bis an den Ausgabeautomaten und wirft seinen Euro ein.

Mit dem „Klick“ der sich öffnenden Schranke greift aber die ältere Dame nach dem Gefährt.

„Das ist meiner!“, erklärt sie dem jungen Mann mit strenger Stimme. „Sie müssen sich schon wie jeder andere auch anstellen“, setzt sie hinzu, während sie mit dem Trolley in Richtung ihres Gepäcks verschwindet.

Der junge Mann schaut ihr entgeistert nach, während die nächste Bridge-Klub-Dame ihren Platz am Automaten einnimmt. Er sucht in seiner Geldbörse verzweifelt nach einem weiteren Euro, findet aber keinen, während die nächste Dame ihrerseits keine Anstalten macht, sich selbst zu dem gewünschten Gepäckkarren zu verhelfen.

Aha.

So läuft das also.

Aber nicht mit mir...

Ich schiebe mich jetzt an der Schlange der Bridgespielerinnen vorbei, hole mir einen Trolley, werfe mit einem höflichen „Sie gestatten!“ an die wartenden Dame am Kopf der Schlange meinen Euro in den Automaten ein und befreie meinen Trolley aus der Schiene.

„Der gehört mir!“, kommt es sofort von der Dame, und ihre Hand schießt vor, um sich des Karrens zu bemächtigen.

Allerdings hat sie nicht eingeplant, dass ich mit diesem Überfall gerechnet und blöderweise dazu auch noch die längeren Arme habe. Mühelos schiebe ich daher den kleinen Karren aus ihrer Reichweite.

„Nein, tut mir leid“, erkläre ich dabei freundlich und lächle sie breit an, „aber Sie müssen sich ihren Trolley schon selbst holen.“

„So eine Frechheit!“, fährt sie mich an. „Typisch deutsch!“

„Ja, vielleicht“, meint meine Frau, die die kleine Szene zwei oder drei Schritte entfernt amüsiert beobachtet, „aber besser typisch deutsch als typisch blöd, meinen Sie nicht?“

Ich gebe ihr einen Schubs, während ich unser Gepäck auf den mühsam eroberten Trolley verlade, denn nach meiner Erfahrung lohnen sich solche Streitereien nicht, aber die Bridgespielerin ist sichtlich zu geschockt, um ihr zu antworten.

Soll mir recht sein.

Zwei Stunden später sehen wir die Brigdegruppe in der Schlange vor dem Check-In-Schalter der Fluggesellschaft wieder: Jede der Damen hat ihren Koffer auf einen Trolley geladen.

„Na, Gott sei Dank“, kommentiert meine Frau, „schau an, da hat ja jede noch einen bekommen!“

„Ja“, meine ich nachdenklich, „aber ich frage mich, wer dafür wohl das Pfand bezahlt hat?

Billigflug

Meine Frau und ich sitzen am Flughafen. Wir haben eine schöne Kreuzfahrt hinter uns, aber irgendwann kommt natürlich der Tag der Heimreise.

Heute.

Wir haben bereits die Sicherheitskontrollen und den Check-In überwunden, unser recht umfangreiches Gepäck aufgegeben – der einzige Nachteil einer Kreuzfahrt ist die riesige Menge an Gepäck, die man immer mitnehmen muss – und unsere Bordkarten erhalten. Wir sind auch ausgiebig durch die Geschäfte des Duty-Free-Bereichs flaniert und haben das eine oder andere Schnäppchen eingekauft.

Jetzt bleibt uns noch eine gute Stunde Zeit bis zum Abflug, und so haben wir uns einen Sitzplatz in der Nähe unseres Gates gesucht.

Und warten auf den Aufruf unseres Fluges.

Langweilig.

Aber wir werden ´s überstehen…

Im Wartebereich herrscht reger Betrieb. Am Gate neben unserem wird eben ein Flug einer irischen Fluggesellschaft aufgerufen.

Einer sogenannten Billigfluglinie.

„Warum sind wir eigentlich nicht mit denen geflogen?", fragt mich meine Frau nachdenklich. „Hätten wir da nicht eine Menge Geld sparen können?"

Ich zucke die Schultern.

„Vielleicht. Aber du musst da für jede Kleinigkeit einzeln bezahlen, weißt du. Vor allem auch für das Gepäck!"

„Haben die kein Freigepäck?", fragt meine Frau erstaunt.

„Doch, haben sie. Aber nur ein paar Kilo und nur, wenn du es mit in die Kabine nimmst. Alles, was man aufgibt, muss man teuer extra zahlen."

„Und die kontrollieren, was ich in die Kabine mitnehme?"

Ich weise als Antwort auf die lange, lange Schlange vor dem Gate, die sich nur sehr langsam und immer wieder stockend vorwärts bewegt. Der Grund für die Verzögerung liegt darin, dass direkt am Gate ein Angestellter der Gesellschaft steht.

Direkt neben einer Waage und einem rechteckigen Gestell aus Stahlrohren, auf dessen Schild deutlich und unheilverkündend zu lesen ist, dass jedes Gepäckstück, das in die Kabine mitgenommen werden soll, in dieses Gestell passen muss.

Der Angestellte hat nur eine Aufgabe: Jeder Handkoffer, jede Tasche, jeder Rucksack wird erst gewogen und dann in das Gestell gesteckt.

Wir beobachten die Abfertigung eine Zeitlang und stellen fest, dass überraschend viele Gepäckstücke bei der Prüfung durchfallen. Meist übersteigen die Koffer und Taschen zwar nicht einmal das erlaubte Gewicht, genügen aber von ihren Abmessungen her nicht den Vorschriften. So entsteht ein dünner, aber stetiger Strom von Fluggästen, die zurück zum Check-In geschickt werden, wo sie ihre Taschen gegen Gebühr doch noch aufgeben müssen. Ob die noch rechtzeitig vor Schließung des Gates zurück sind? Bei den Schlangen, die draußen vor den Check-In-Schaltern stehen? Da habe ich so meine Zweifel…

„Schau dir das an!", ruft meine Frau auf einmal ungläubig und weist auf die Gepäckkontrollstation. Am benachbarten Gate wird nämlich gerade eine ältere Dame kontrolliert, deren kleines Bordcase die Grenzen der Fluggesellschaft vorbildlich genau einhält. Allerdings besitzt sie doch tatsächlich die unglaubliche Unverfrorenheit, dazu auch noch eine Handtasche dabei zu haben.

Ein zweites Gepäckstück also.

Das geht aber nun überhaupt nicht!

Der Kontrolleur kommt der Dame zwar nach längerer, hitziger Debatte einen Schritt entgegen und wertet Trolley und Handtasche als ein Gepäckstück. Das hilft ihr aber überhaupt nichts, denn da das Bordcase bereits die erlaubten Höchstmaße erreicht, passt die Handtasche nicht mehr zu ihm ins Prüfgestell. Und die Tasche in den Koffer zu packen scheint auch keine Option mehr zu sein, zumindest nach den Gesten der Dame zu schließen. Schließlich begibt sie sich, leise vor sich hin schimpfend, ebenfalls zurück zum Check-In.

„Die lassen sie tatsächlich die Handtasche nicht mitnehmen!", stellt meine Frau fest, und ihr Ton verrät Fassungslosigkeit. „Ihre Handtasche!"

Instinktiv drückt sie ihre eigene Handtasche, die allein schon von der Größe her mit Sicherheit auf keinen Fall die Billigung des irischen Kontrolleurs finden würde, fest an ihre Brust.

Bevor wir dieses Thema vertiefen können, bahnt sich am Gate ein neues Drama an.

Ein Mädchen, schätzungsweise fünfzehn oder sechzehn Jahre alt, bricht plötzlich in Tränen aus. Ihr Rucksack macht nämlich keinerlei Anstalten, die Maße des Prüfgestells einzuhalten.

„Den Rucksack aufgeben?", ruft sie schluchzend. „Das kostet mindestens 50 Euro! So viel Geld habe ich doch gar nicht dabei! Wie soll ich denn nach Hause kommen?"

Ist dem Kontrolleur wurscht.

Nicht sein Problem.

Das Mädchen verlässt, immer noch unter Tränen, das Gate, ein Handy in der Hand.

„Hoffentlich kann sie das regeln!", meint meine Frau mitleidig.

Hoffe ich auch und kontrolliere dabei unauffällig, ob sich meine Brieftasche noch an ihrem Platz befindet. Das Mitleid meiner Frau kann nämlich manchmal ganz schön teuer werden...

Der nächste Fluggast am irischen Gate, ein junger Mann mit langen Haaren, hat die Szene natürlich mitbekommen und schaut in heller Panik zwischen seinem eigenen Rucksack und dem kleinen Prüfgestell hin und her. Sein Rucksack ist nämlich, soweit ich das sehe, noch ein Stückchen größer als der des Mädchens. Der Kontrolleur versucht deswegen nicht einmal, ihn in das Gestell zu heben, sondern schüttelt nur abweisend den Kopf und weist zurück zum Check-In.

„Doch, doch, der passt!", ruft der junge Mann mit verzweifelter Hoffnung in der Stimme und wuchtet seinen Rucksack mit Schmackes in das Stahlrohrfach.

„Der passt wirklich", versichert er nervös, „da sind doch nur Klamotten drin, die sind weich, die muss man nur in Form drücken!"

Gleichzeitig presst er mit aller Kraft und allem ihm zur Verfügung stehenden Gewicht auf seinen Rucksack. Und das wirklich mit Erfolg: Binnen weniger Sekunden nimmt der Rucksack tatsächlich die maximal erlaubte Form an.

Erstaunlich!

Wirklich erstaunlich!

Im Gesicht des Kontrolleurs mischt sich Enttäuschung mit Anerkennung, ein Ausdruck, der allerdings sehr, sehr schnell blankem Ärger weicht, als sich ein kleines Problem einstellt: Der jetzt ordentlich komprimierte Rucksack hat nämlich alle Fugen des Gestells ausgefüllt und lässt sich daher leider nicht mehr aus dem Fach herausziehen. Der Kontrolleur und der junge Mann zerren zuerst abwechselnd und dann gemeinsam an dem Gepäckstück und erreichen damit nur, dass schließlich der Griff des Rucksacks abreißt. Fluchend schaltet der Kontrolleur schließlich sein Funkgerät an und ruft um Hilfe, die nach einigen Minuten in Form eines Mechanikers erscheint, der in aller Seelenruhe damit beginnt, das Stahlrohrgestell mit einem Schraubenzieher zu zerlegen, um das verklemmte Gepäckstück zu befreien.

Meine Frau kichert.

„Eigentlich sollte man ihn passieren lassen, wenn er seinen Rucksack wieder hat. Schließlich hat er ja tatsächlich hinein gepasst!"

Da hat sie zweifellos recht.

Technisch gesehen zumindest.

Viele der mehr oder weniger geduldig wartenden Reisenden nutzen die Verzögerung, um ihre Taschen zu öffnen und nach Kleidungsstücken zu durchsuchen, die sie schnell noch anziehen können.

„Ob die damit durchkommen?", fragt meine Frau skeptisch.

Ich zucke die Schultern. Wir werden es nicht mehr erleben – auch unser eigener Flug wird nämlich eben aufgerufen.

Der Flug einer großen, namhaften Fluggesellschaft.

Deren Flugpreis glücklicherweise die Aufgabe eines Gepäckstückes bereits inkludiert.

Später, als unsere Maschine vom Gate weg auf den Rollweg geschoben wird, steht das irische Flugzeug immer noch am Terminal. Mit deutlicher Verspätung, die wohl noch größer werden dürfte.

„Na, was meinst du", frage ich meine Frau und weise auf das benachbarte Flugzeug, „wollen wir die Gesellschaft das nächste Mal ausprobieren?"

Sie wirft mir einen schrägen Blick zu.

„Eine Gesellschaft, die mich nicht einmal meine Handtasche mitnehmen lässt? Du machst wohl Witze…"

Verhandlungssache

Wir – meine Frau und ich – stehen an der Gepäckaufgabe des internationalen Flughafens in Los Angeles. Mal wieder ist eine Kreuzfahrt zu Ende gegangen, und wir müssen nach Hause fliegen. Schon.

„Ach ja, ich hätte nichts dagegen, jetzt wieder zurück aufs Schiff zu gehen", seufze ich leise und meine Frau seufzt mit.

So – jetzt sind wir dran.

Ich wuchte den ersten Koffer auf die Kofferwaage und lege dem Bodenmitarbeiter unserer Fluggesellschaft die bereits vorab ausgedruckten Bordkarten und unsere Reisepässe vor. Der Mitarbeiter, ein älterer Afroamerikaner mit weißem Haarkranz und einer Lesebrille, wirft einen kurzen Blick über den oberen Rand dieser Brille hinweg auf die Bordkarten und lässt ihn dann traurig eine lange, lange Sekunde über uns und unsere Sammlung von Gepäckstücken schweifen. Ich erschrecke kurz und schaue schnell auf die Anzeige der Waage. Habe ich beim Packen einen Fehler gemacht? Nein, einundzwanzig Kilogramm zeigt die Waage – das ist locker innerhalb der Freigepäckgrenze.

„Also, so wie ich das sehe wollen Sie heute doch eigentlich gar nicht nach Frankfurt fliegen", informiert er uns schließlich sachlich.

Meine Frau und ich wechseln einen überraschen Blick. Kann der Mann Gedanken lesen? Klar, wie schon erwähnt würden wir am liebsten unseren Urlaub fortsetzen. Aber wenn Wünsche Schweine wären, dann wäre schließlich der Speck immer im Sonderangebot…

Oder haben wir uns da verhört?

„Wie bitte?", erkundige ich mich befremdet.

„Ich sagte, dass Sie eigentlich heute gar nicht nach Frankfurt fliegen wollen", wiederholt der Bodenmitarbeiter seine Aussage geduldig. Gut, da habe ich richtig gehört.

„Nun ja", gebe ich zu bedenken, „aber warum sonst stehen wir dann hier, was meinen Sie?"

„Nein, nein", hält er mir entgegen, „Sie wollen morgen fliegen. Oder vielleicht übermorgen?"

Er lächelt uns freundlich und sogar ein bisschen hoffnungsvoll an.

Ich begreife jetzt gar nichts mehr.

„Was, um Himmels Willen, spricht denn gegen heute?", frage ich schließlich verständnislos.

„Nun, der Flug ist leider überbucht", informiert der Check-In-Mitarbeiter und gibt sich sichtlich einen Ruck. „Wir bieten Ihnen achthundert Dollar pro Person, wenn Sie auf den heutigen Flug verzichten."

Ach so. Jetzt fällt bei mir der Groschen. Überbucht. So, so. Mal wieder der Service der großen deutschen Gesellschaft mit dem Kranich.

Meine Frau guckt mich erwartungsvoll an. 1600 Dollar für ein oder zwei Tage Verspätung, das klingt nicht schlecht. Zumal es uns tatsächlich auf ein oder zwei Tage nicht ankäme···

Ich zögere. Jetzt mal scharf nachrechnen··· wie gut, dass ich, anders als zum Beispiel unser Sohn, noch nicht verlernt habe, auch ohne elektronische Unterstützung die eine oder andere Kalkulation durchzuführen··· schließlich ist es ja eine beliebte Taktik vieler Unternehmen, kleine Geister mit vermeintlich großen Zahlen zu beeindrucken···

„Ist nicht so gut wie es sich anhört", sage ich schließlich zu meiner Frau. „Die Reservierungsgebühren für die XL-Sitze sind dann flöten. Die Bahnfahrkarte zuhause auch. Wir müssten die ganze Heimreise hier vom Hotel aus neu organisieren. Und ein freies Zimmer müssen wir auch erst noch suchen. Und billig wird es so kurzfristig auch nicht gerade sein, wenn du keine wanzenverseuchte Absteige willst. Dazu die Taxikosten. Verpflegung···"

„Was für ein Aufwand!", meint meine Frau, plötzlich ernüchtert.

Ich wende mich wieder an den Flughafenmitarbeiter, der unser auf Deutsch geführtes Gespräch zwar gehört, aber nicht verstanden hat und immer noch hoffnungsvoll lächelt, und schlage vor: „Achthundert Dollar und die Hotelkosten?"

Der Mann schüttelt den Kopf. Nein. Keine Hotelkosten. Nur achthundert Dollar.

„OK", nehme ich einen zweiten Anlauf. „Achthundert Dollar und morgen zwei Sitze in der Business-Class?"

Würde die Gesellschaft ja noch nicht mal was kosten, schließlich ist die Business ohnehin meist nicht voll besetzt.

Wieder ernte ich ein Kopfschütteln. Achthundert Dollar. Basta.

Ich zucke bedauernd die Schultern: „Gut. Dann fliegen wir eben heute."

Das hoffnungsvolle Lächeln erlischt. Enttäuschung macht sich in dem dunklen Gesicht breit.

„Sie wollen wirklich heute fliegen?", vergewissert er sich nochmals.

Ich nicke: „Ja, ihr Angebot ist einfach nicht gut genug. Unter diesen Umständen fliegen wir heute."

Basta.

Einige Minuten später machen wir uns, nur noch mit unserem Handgepäck bewaffnet auf den Weg durch die Sicherheitskontrollen und zu unserem Flugsteig.

„Schon schade", meint meine Frau nachdenklich. „1600 Dollar, das klang schon gut. Aber du hast ja Recht, es hätte sich nicht wirklich gerechnet. Und geizig sind sie obendrein", ergänzt sie nachdenklich. „Jedem, den sie heute sitzen lassen, müssen sie nämlich sechshundert Euro und die ganzen Folgekosten zahlen!"

„Ach, mach dir nichts draus", tröste ich sie lächelnd. „Dafür kannst du dir nachher, beim Boarding, den Spaß gönnen, denen, die am Gate auf der Warteliste stehen, mit deiner Bordkarte fröhlich zuzuwinken…"

Gepäckaufgabe

Meine Frau und ich stehen in Amsterdam am Flughafen. Wir haben eine wirklich schöne und erholsame Kreuzfahrt hinter uns, und heute ist leider, leider, leider der letzte Tag.

Wir wurden – gegen unseren erklärten Willen und unter erbittertem Protest – ausgeschifft.

Mit dem Bus von Rotterdam nach Amsterdam gefahren.

Und hier am Flughafen gnadenlos ausgesetzt.

Natürlich nicht allein ausgesetzt, nein. Man hat uns natürlich gnadenlos unser gesamtes Gepäck mitgegeben. Und das ist, wie jeder weiß, der bereits schon einmal eine Seereise unternahm, ziemlich umfangreich. Das ist halt das einzige Problem an Kreuzfahrten: Man braucht für alles bestimmte Kleidung. Für Landausflüge, Seetage, normale Abende, Gala-Abende, für alles braucht man halt die passende Garderobe. Weshalb man regelmäßig mit den Gewichtsgrenzen der Fluggesellschaften kollidiert, wenn man nicht aufpasst. Und selbst dann, wenn man es schafft, diese Grenzen einzuhalten, hat man zu zweit insgesamt einen guten Zentner an Gepäck dabei.

Hier in Amsterdam ist heute richtig viel los. Wir reihen uns in eine lange, lange Schlange vor dem Check-In ein, wobei ich mir im Stillen dazu gratuliere, darauf bestanden zu haben, den Nachmittagsflug nach Hause zu buchen. Meine Frau hatte nämlich eigentlich einen Flug am Mittag gewünscht. Den wir jetzt garantiert verpasst hätten...

Schnell merken wir, dass der Fortschritt in der Schlange quälend langsam ist – viel, viel langsamer als gewohnt. Ein Grund dafür ist zunächst nicht zu erkennen. Zunächst. Bis wir schließlich endlich, endlich in Sichtweite der Aufgabeschalter unserer Fluggesellschaft kommen. Aha···

Unsere Gesellschaft ist nämlich fortschrittlich. Verdammt fortschrittlich. Wo andere Unternehmen noch richtige, altmodische

Check-In-Schalter unterhalten, an denen Bodenhostessen aus Fleisch und Blut das Gepäck wiegen, manchmal mit dem einen oder anderen Fluggast hart über die Zuverlässigkeit der verwendeten Waage verhandeln, jeden Koffer mit dem Strichcode-Anhänger für das Flugziel versehen und zu guter Letzt die Koffer auf die Reise schicken, da hat unsere Gesellschaft ein halbes Dutzend Automaten aufgestellt.

Ja, richtig, Gepäckaufgabe-Automaten.

Unbemannt.

Vollautomatisch.

Und sie sehen sogar richtig schick aus: runde Linien, modisches Weiß. Eigentlich wie ein iPhone, wenn man ´ s genau betrachtet, nur auf flughafisch. Würde mich nicht mal wundern, wenn sie vom Apfel-Unternehmen hergestellt wurden. Und diese Automaten funktionieren, soweit ich das aus der Ferne sehe, sogar einfach, tadellos und flott.

Eigentlich idiotensicher.

Ja, warum aber, zum Teufel, dauert das hier denn so ewig?

Diese Frage beantwortet sich, als eine junge Familie direkt vor uns an einen der Automaten tritt. Eine junge Frau, die offenbar die Formalitäten regelt, ein junger Mann, der schweigend und irgendwie hilflos wirkend daneben steht, zwei halbwüchsige Kinder, die ungeduldig quengeln. Und so einfach und vorbildlich der Automat auch sein mag, die vier bringen es nicht fertig, ihn zu bedienen.

Zu aller erst verpasst die junge Frau nämlich komplett, dass der Automat ein Sprachmenü anbietet, aus dem man sich aus insgesamt nicht weniger als achtzehn Sprachen die richtige aussuchen kann. Die junge Frau verwendet den Automaten in der Einstellung des Vorbenutzers. Ist ja viel einfacher. Zunächst zumindest. Spart man sich einen Knopfdruck…

Blöd nur, dass sie jetzt bereits beim zweiten Schritt ins Straucheln gerät, weil sie kein Niederländisch beherrscht.

„Was soll ich jetzt denn nur machen?", fragt die junge Frau ihre bessere Hälfte, die allerdings nur ratlos die Schultern zuckt.

„Mein Gott!", knurrt meine Frau ungehalten von der Seite. „Stell dich nicht so dämlich an und leg einfach deine Bordkarte auf den Strichcodescanner! Ist doch wirklich nicht so schwer!"

Ich drehe mich um und schaue meine Frau mit offenem Mund an; von ihrer Seite kam das jetzt überraschend. Aber sie hat natürlich wie immer recht. Wenn selbst meine Frau, die nun wirklich nicht sonderlich technikaffin ist, den Vorgang versteht, kann es tatsächlich nicht so schwer sein.

Die junge Frau ist mittlerweile zum gleichen Schluss gekommen und liest zögernd ihre Bordkarte in den Gepäckaufgabeautomaten ein, der daraufhin gehorsam eine große Klappe öffnet und die Familie auf Niederländisch auffordert, den ersten Koffer auf die Waage zu stellen.

Was die junge Frau auch tut.

Und auch den zweiten.

Und einen dritten.

Der von so viel Aktivität völlig überforderte Automat lässt prompt hektisch Lichter blinken, die verkünden, dass das Gepäck viel zu groß und viel zu schwer sei und aus dem Eingabeschacht entfernt werden müsse. Das Blinken lockt glücklicherweise die einzige menschliche Hostess an, die offenbar hier die Aufsicht über das Dutzend Gepäckautomaten führt. Die Hostess erfasst denn auch den Schlammassel mit einem Blick und lässt ihre Hand schwer, um nicht zu sagen: schicksalsschwanger auf den Abbruchknopf des Automaten sinken. So geht ´ s nun wirklich nicht, lässt sie die junge Familie wissen.

„Ist ja klar!", murrt meine Frau und tritt ungeduldig von einem Fuß auf den anderen. „Nur ein Koffer auf einmal, das liegt doch auf der Hand, verdammt noch mal!"

Genau das erklärt die Hostess gerade der jungen Mutter, die jetzt einen zweiten Anlauf unternimmt. Wieder auf Niederländisch, aber immerhin hat sie jetzt ja Übung. Bordkarte einlesen, Klappe öffnet sich, ein Koffer wird hineingestellt. Der Automat signalisiert, dass alles in Ordnung ist, fragt noch mal nach, ob der Zielort stimmt – hier drückt die junge Frau auf „Ja", offenbar, ohne überhaupt zu verstehen, was sie da genehmigt – verfrachtet den Koffer aufs Förderband und spuckt die Quittung aus.

Der erste Akt ist zu gut Ende gebracht, und ich atme unwillkürlich auf. Vielleicht klappt ´s jetzt ja···

Tut es nicht.

Für den zweiten Koffer geht die junge Frau nach dem bewährten Schema vor, gerät aber schwer in Schleudern, als ihr der Automat signalisiert, dass ein zweites Gepäckstück Aufpreis kostet und daher zuerst bezahlt werden muss. Per Kreditkarte, wenn ´s recht ist. Die man bequem und an Ort und Stelle in einen dafür vorgesehen, jetzt blau beleuchteten Schlitz des Automaten stecken kann.

Die junge Frau starrt den Automaten verzweifelt an, und meine Frau stöhnt jetzt hörbar auf: „Ach nein! Natürlich muss man für das zweite Gepäckstück auch die zweite Bordkarte benutzen! Woher soll denn der Computer sonst wissen, dass der Koffer zu einem anderen Fluggast gehört!"

Jedenfalls wird die Prozedur wieder abgebrochen, es wird wieder die Hostess herbei gewinkt, die – welch Überraschung – das Gleiche erklärt wie meine Frau.

Aha.

Aber jetzt!

Koffer Nr. 2 verschwindet im zweiten Anlauf, und für Koffer Nr. 3 benötigt man keinen Neustart mehr.

Jawohl!

Es lebe der Vorgang!

Ich schöpfe Hoffnung, vielleicht doch nicht auf den Abendflug umbuchen zu müssen.

Der Vorgang versagt bei Koffer Nr. 4. Sogar von meinem Standpunkt – hinter einem Streifen am Boden, auf dem um Diskretion gebeten wird – kann ich erkennen, dass der Koffer anderthalb Kilo zu viel wiegt. Und was ein menschlicher Kontrolleur angesichts der offensichtlichen Misere der Familie und der riesigen Schlange hinter ihr vielleicht mit einem Achselzucken akzeptiert hätte, das ist für den Automaten ein No-Go.

Übergepäck?

Und das auch noch umsonst?

Auf keinen Fall.

Keine Chance!

Nicht die Geringste!

Wieder leuchten die Lichter, wieder kommt die Hostess, aber diesmal kann auch sie die Sache nicht retten.

„Ich wette, jetzt müssen die bereits aufgegebenen Koffer zurückgeholt werden!", knirscht meine Frau mit den Zähnen – Sekunden, bevor die Hostess genau das erklärt. Das geht aber am Automaten nicht, dazu braucht man – Die Wunder hören niemals auf! – tatsächlich doch noch einen Menschen. Deswegen wird die junge Familie von der Hostess an einen der letzten verbliebenen, konventionellen, mit einem Menschen besetzten Schalter verwiesen, wohin sie sich niedergeschlagen begeben und damit endlich den Automaten freigeben.

Na, Gott sei Dank···

Wir erledigen nun unsere Gepäckaufgabe innerhalb von rund sechzig Sekunden – auf Deutsch, nach entsprechendem Knopfdruck – und machen uns auf den Weg zur Sicherheitskontrolle.

„Wie lange haben wir jetzt wegen dieser schrecklich unbeholfenen Leuten warten müssen?", will meine Frau plötzlich wissen.

„Eine gute halbe Stunde", antworte ich.

„Unglaublich. So jung und trotzdem zu blöd, eine im Grunde idiotensichere Maschine zu bedienen!"

„Ja, ich weiß, das alles war sogar dir klar!", seufze ich. „Weisst du was? Vielleicht solltest du dich hier am Flughafen bewerben. Um eine Stelle als Gepäckautomatenbedienerin. Würde die Abläufe hier sicherlich deutlich beschleunigen···"

Sauerei

Meine Frau und ich sitzen in Barcelona im Flughafen und warten. Nun, genau genommen wartet noch jemand mit uns: Nämlich ein Gepäckkarren, der unter dem Gewicht unserer Koffer ächzt.

Wir haben heute in Barcelona das Schiff, das uns aus der neuen in die alte Welt brachte und für uns in den letzten drei Wochen schon fast zu einer Heimat geworden war, verlassen müssen, denn von hier aus geht's nach Hause.

Schade.

Am Flughafen fanden wir den Check-In-Schalter, an dem laut Reiseunterlagen unser Heimflug abgefertigt werden sollte, geschlossen vor und erkundigten uns bei der Auskunft unserer Fluggesellschaft, ob wir unser Gepäck an einem der anderen Schalter – geöffnet für Flüge mit anderen Zielen – schon jetzt aufgeben könnten.

„Nein, bedauere", informierte uns die Hostess freundlich, aber bestimmt. „Ihr Schalter öffnet erst zwei Stunden vor Abflug. Vorher können wir das Gepäck nicht annehmen."

OK, kein Problem.

Zumindest nicht für uns.

Eher für unseren überladenen Kofferkarren…

Aber jetzt.

Vor dem noch geschlossenen Check-In-Schalter hat sich bereits seit einigen Minuten eine Schlange gebildet, und jetzt schwärmt ein kleiner Trupp Bodenpersonal aus, um ihn und gleich auch noch den benachbarten Schalter zu öffnen. Die Bildschirme über dem Tresen erwachen flackernd zum Leben. Einer zeigt kurz das Ziel „Düsseldorf" an, bevor er wieder dunkel wird und dann das Logo unserer Gesellschaft mit der Flugnummer einblendet.

Ich lenke unseren schwer beladenen Trolley zum Ende der Warteschlange und beobachte geduldig das Geschehen vorne am Kopf.

Scheint ja recht flott vorwärts zu gehen.

Nur einer der Bildschirme hat wohl einen Defekt: Flackern – Dunkel – Flackern – Logo – Flackern – Dunkel – Flackern – „Düsseldorf"…

Na, was soll ´ s, es weiß ja wohl jeder, was hier läuft.

„Was für eine Sauerei!", ertönt hinter mir plötzlich eine Stimme mit deutlich rheinischem Akzent.

Sie klingt laut und aggressiv und gehört, wie ich mit einem kurzen Blick feststelle, einem mittelalten Herrn. Er zeigt ein tiefrotes Gesicht, Anzeichen eines schweren Sonnenbrand und, vermutlich, von zwei oder drei Altbier zu viel.

„Schreckliche Fluggesellschaft! Kriegen noch nicht mal die Anzeige hin! Sauerei! Ob das hier überhaupt der richtige Schalter ist?"

Er schaut herausfordernd in die Runde, erhält aber keine Antwort, sondern erntet lediglich einen erschreckten Blick von einer älteren und offenbar allein reisenden Dame.

„Stellen Sie sich vor", fährt er, an niemanden Besonderen gewandt, fort, „ich habe heute schon mal zwei Stunden angestanden. Zwei Stunden! Dort drüben, beim anderen Schalter. Und dann haben die mir gesagt, dass mein Gepäck nur hier angenommen wird! Sauerei!"

„Ach was!", murmelt meine Frau sotto voce und mit amüsiertem Unterton. „Da hätte man sich vorher halt erkundigen müssen."

Ich stoße ihr mit dem Ellbogen in Rippen. Hier in eine Diskussion einzutreten erscheint mir nicht besonders sinnvoll. Der aufgebrachte, rotgesichtige Herr wirft ihr einen bitterbösen Blick zu und wird noch ein bisschen röter, soweit das überhaupt möglich ist.

„Sauerei!", bekräftigt er seinen Standpunkt noch mal mit gehobener Stimme.

„Sind hier Passagiere, die schon eine Sitzplatzreservierung haben?", ruft auf einmal eine Hostess mit lauter Stimme in die Runde.

Ich gucke überrascht, dann hebe ich die Hand, die unsere Flugunterlagen hält.

„Ja, hier!", rufe ich zurück.

Sie nickt mir freundlich zu.

„Dann gehen Sie doch bitte gleich hier zum zweiten Schalter!", winkt sie uns an der Schlange vorbei.

Na bitte, so sollte das immer sein.

Da kann man glatt das erneute, diesmal ausgesprochen neidisch klingende „Wo ich doch schon mal zwei Stunden gewartet habe! Sauerei!" hinter einem glatt überhören, ebenso das erneute: „Ob das überhaupt der richtige Schalter ist?"

Meine Frau öffnet den Mund.

„Geschenkt", sage ich zu ihr. „Er hätte eben vorreservieren sollen, richtig?"

Ich lege meine Papiere an der Theke des Schalters vor und wuchte unser Gepäck vom Trolley auf die Waage – nur gut, dass ich zu Hause vorsichtshalber ein paar Kilo Übergepäck gleich mitgebucht habe – als ich auf einmal von der allein reisenden Dame zur Seite gestoßen werde.

„Ist das der Schalter für den Flug nach Düsseldorf?", will sie aufgeregt wissen. „Der Herr dort meint, er sei es nicht."

„Ach, glauben Sie dem nicht!", tröstet sie meine Frau, und ich füge hinzu: „Wenn das der falsche Schalter ist, fliegen wir auch in die falsche Richtung!"

Beruhigt kehrt sie zu ihrem Platz in der Warteschlange zurück, der sich übrigens – wenig überraschend – auch akustisch ohne Probleme durch den Ausruf „Sauerei!" lokalisieren lässt, selbst als wir, die Bordkarten in Händen, den Abfertigungsbereich verlassen.

Später, in der Maschine, nehmen wir unsere Plätze im hinteren Bereich des Flugzeugs ein. Der aufgebrachte Herr ist auch an Bord. Zwar haben wir ihn nicht gesehen, aber das ist auch gar nicht notwendig – die jetzt etwas gedämpften Ausrufe „Sauerei!" lassen ohne weiteres ahnen, dass er einen Platz im vorderen Teil der Maschine hat und auch hier mit der Fluggesellschaft nicht so recht zufrieden ist. Offenbar bemängelt er, so viel bekommen ich und der Rest unserer Mitreisenden mit, dass an Bord doch tatsächlich kein Altbier verfügbar ist. Und das trotz des Flugziels Düsseldorf. Was natürlich eine echte Schande ist. Um nicht zu sagen, eine…

„Bin ich froh, dass der nicht in unserer Nähe sitzt", unterbricht meine Frau meinen Gedankengang, erleichtert seufzend, als wir zur Startbahn rollen.

Ich nicke.

„Ja, da hast du recht. Da wäre wohl der ganze Flug eine ziemliche Sauerei geworden!"

XL-Aussicht

Die vier Triebwerke unseres A 380 heulen auf und drücken uns – meine Frau und mich – in unsere Sitze. Wir fliegen heute in die USA. Ein Flug von rund zehn Stunden. Ein XL-Flug, wenn man so will. Leider in der Economy. Eine schrecklich unbequeme Angelegenheit also.

Aber da kann man ja ein bisschen vorsorgen. Wir haben daher sogenannte „Sitze mit erhöhter Beinfreiheit", vulgo XL-Sitze gebucht. Dabei handelt es sich zwar um genau die gleichen, engen Sitzgestelle wie überall sonst in der Economy auch. Aber da wir direkt neben einem der Notausgänge sitzen, befindet sich die Sitzreihe vor uns in einem Abstand von ungefähr anderthalb Metern. Viel Platz also, um wenigsten die Beine auszustrecken, zumindest nach dem Start. Während des Startvorgangs sitzt nämlich einer der Stewards auf dem dort montierten Jumpseat, das Gesicht uns zugewandt.

Ein junges und trotzdem von Sorgen gekennzeichnetes Gesicht.

„Wir haben heute fast fünfhundert Gäste an Bord", erklärt er mir auf meine Erkundigung hin. „Und fast dreihundert gehören zu einer russischen Reisegruppe. Na, mal sehen…"

Er versinkt in düsteres Schweigen.

Nach dem Start klappt er seinen Jumpseat weg und macht sich an die Arbeit. Wir klappen die Monitore des Unterhaltungssystems aus und machen uns daran, die Beine auszustrecken. Was aber diesmal zu unserer Überraschung nicht so recht funktionieren will. In der Sitzreihe vor uns, einen guten Meter entfernt, sitzen nämlich offenbar einige Mitglieder der russischen Reisegruppe, während die anderen irgendwo weit hinter uns platziert sind. Was liegt also näher, als sich von hinten nach vorne zu begeben, um stehend mit den Mitreisenden zu plaudern? Uns dabei auf die Füße zu trampeln ist dabei ja gar nicht so schlimm…

Schließlich kommt unser Steward vorbei und informiert die Stehenden, dass Versammlungen vor dem Notausgang nicht gestattet seien, und zögernd begeben sich die Betroffenen wieder zu ihren Plätzen. Ich senke den Blick auf den Bildschirm···

··· bis mir jemand vors Schienbein tritt. Ich blicke auf. Vor uns stehen erneut fünf oder sechs Leute und plaudern auf Russisch mit den vor uns Sitzenden. Unser Steward, der gerade mit einer Wanne heißer Tücher vorbei schnauft, schüttelt resigniert den Kopf.

„Wie die Fliegen! Wenn man sie weg scheucht, surren sie eine Weile durchs Flugzeug und lassen sich wieder nieder!"

Ja, das sehen wir.

Aber trotzdem, ich schlage jetzt die Beine übereinander, bevor ich mich wieder meinem Film widme. Schließlich haben wir ja die XL-Plätze gebucht und bezahlt···

„Ziehen Sie mal die Füße ein!"

Diese recht barsche Aufforderung kommt nach dem Mittagessen von einem recht beleibten Russen. Die Platzsituation rund um uns herum ist mittlerweile geradezu prekär geworden. Auf der Höhe des Notausgangs befinden sich nämlich auch einige Toiletten, und die werden naturgemäß nach den Mahlzeiten verstärkt genutzt. Es hat sich also eine ziemlich lange Schlange gebildet, und durch sie hindurch versucht der Dicke, sich in den Platz am Notausgang zu schieben.

„Erlauben Sie mal!", halte ich dagegen. „Sie haben doch hier gar nichts zu suchen!"

Ich ernte einen russischen Fluch, aber nachdem sich jetzt gerade unser Steward mit dem Versuch nähert, sich mit dem Rollcontainer mit den Überresten der eben beendeten Mahlzeit durch die Menschenmassen nach vorne zu kämpfen, zieht sich unser Mitreisender zunächst wieder zurück. Nur einstweilen, natürlich, da bin ich sicher.

„Können Sie gegen diese Plage nichts unternehmen?", frage ich verzweifelt, als der Steward an uns vorbei schnauft. „Bieten Sie denen doch Wodka an, wenn sie auf ihren Plätzen bleiben!"

Der Steward bricht unvermittelt in lautes Gelächter aus. Er lacht, dass ihm die Tränen über die Wangen laufen. Er hält sich buchstäblich die Seiten vor Lachen. Komisch nur, dass er eigentlich gar nicht erheitert wirkt. Eher schon fast ein bisschen hysterisch.

„Wodka anbieten? Ein guter Witz! Ein echt guter Witz!"

Er wischt sich die Tränen weg.

„Nein, nein, den Wodka haben sie schon längst ausgetrunken. Den Cognac übrigens auch. Und Wein haben wir auch keinen mehr."

Er schüttelt den Kopf.

„So was hab ich auch noch nicht erlebt", murmelt er noch, als er seinen Container wieder anschiebt.

Ich schüttle auch den Kopf und schaue auf die Uhr. Noch fast sechs Stunden. Ich seufze und beschließe, mein Buch aufzuschlagen und ein wenig zu lesen.

Ich schaffe vielleicht zwanzig oder dreißig Seiten. Dann hat sich die Schlange vor den Toiletten aufgelöst – und die Russen sind zurück. Der Dicke von vorhin und zwei Frauen, offenbar eine junge Russin und ihre Mutter, schieben sich wieder in den Platz neben dem Notausgang, direkt vor unseren Nasen. Und da man sich ja viel besser aus der Nähe unterhalten kann, beugen sie sich tief über die Rückenlehnen der vor uns Sitzenden, uns die Hinterteile präsentierend.

Direkt vor mir lehnt die junge Russin. Sie trägt eine enge, weiße Hose aus einem dünnen Stoff, der im durch das Fenster einfallenden Sonnenlicht beinahe schon durchsichtig wirkt.

„Irgendwie komisch", denke ich mir, „dass man die Umrisse des Höschens gar nicht sehen kann!"

Ob sie überhaupt eines trägt? Ich meditiere einige Zeit über diese Frage, bis ich von meiner Frau einen Rippenstoß erhalte. Einen ziemlich kräftigen.

„Guck gefälligst woanders hin!", faucht sie mich an.

„Wohin denn?", kontere ich verzweifelt. „Etwa darauf?"

Ich weise auf den dicken Russen direkt vor ihr, der ebenfalls vorne übergebeugt dasteht. Seine nach unten gerutschte Hose gestattet einen prächtigen Blick in ein fleischiges Tal und lässt dabei keinen, aber auch nicht den geringsten Zweifel daran, was er darunter trägt···

„Bäh!", ergänze ich nochmals, widme mich dann aber wieder meinem Buch. Schließlich will ich meine Frau nicht zu sehr verärgern.

Irgendwann einmal, gefühlte Ewigkeiten später leuchten die Fasten-Seatbelts-Zeichen auf. Der Steward verscheucht die letzten Russen, klappt seinen Jumpseat heraus und gurtet sich ebenfalls an. Dann wischt er sich den Schweiß von der Stirn.

„Also, so einen Flug hatte ich auch noch nie!", stöhnt er erschöpft. „Hoffentlich sind morgen auf dem Heimflug nicht schon wieder so viele Russen dabei!"

Dann erinnert er sich wieder seiner Pflichten.

„Hoffentlich hatten wenigstens Sie einen halbwegs angenehmen Flug?", erkundigt er sich. „War ja bei Ihnen auch nicht so einfach."

„Na ja, ging so", erwidere ich unverbindlich, und meine Frau ergänzt: „Aber die Aussichten, die waren wirklich XL!"

Weit und bequem

„Hey! Warte mal! So warte doch!"

Auf diesen aufgeregten Ruf meiner Frau hin drehe ich mich um. Wir befinden uns am Flughafen von Miami und haben eben die Sicherheitskontrollen passiert, die unvermeidlich durchgeführt werden, wenn man fliegen will.

Genauer gesagt wollten wir die Sicherheitskontrollen passieren. Ich habe dazu – weisungsgemäß – das Handgepäck röntgen lassen, schickte – weisungsgemäß – meine Uhr, meine Brieftasche und meinen Gürtel in einer Plastikwanne dem Handgepäck hinterher und fütterte – weisungsgemäß – sogar meine Schuhe und meinen Hut in den gefräßigen Schlund des Durchleuchtungsgeräts. Ich bin durch den Rahmen des Metalldetektors geschritten, und zwar ohne, dass das Gerät angeschlagen hat.

Zu meiner nicht unerheblichen Überraschung.

Normalerweise reagieren nämlich solche Detektoren allergisch auf mich und schlagen immer an, ohne dass dafür ein Grund ersichtlich ist. Wenn ich da an einen Vorfall in Barcelona zurückdenke…

Ich habe unsere Sachen wieder eingesammelt und begonnen, meine Kleidung wieder in Ordnung zu bringen. Und die ganze Zeit bin ich stillschweigend davon ausgegangen, dass sich meine Frau unmittelbar hinter mir befindet. Immerhin gibt´s bei ihr ja nichts zu finden, was irgendwie zu beanstanden wäre. Eher im Gegenteil: Die Detektoren, die mich hassen, lieben sie. Sie könnte vermutlich mit einem Maschinengewehr über der Schulter durchmarschieren, ohne auch nur einen Pieps auszulösen. Umso erstaunter bin ich jetzt, dass der Sicherheitsbeamte meine Frau tatsächlich aufhält.

Ich kehre zu ihr zurück und bekomme gerade noch mit, dass der Beamte ihr erklärt, dass zwar der Detektor nicht angeschlagen habe, sie aber trotzdem durchsucht werden müsse.

Und zwar wegen ihrer Kleidung.

Wegen ihrer Kleidung?

Ich mustere sie verblüfft.

Sie trägt einen in schlichtem Grau gehaltenen, wadenlangen, weiten Baumwollrock und eine weiße, weite Bluse.

OK, nicht sonderlich schick, das räume ich ein.

Aber bequem.

Äußerst bequem.

Und das ist ja schließlich alles, was zählt, wenn man einen langen, nächtlichen Transkontinentalflug vor sich hat, oder?

Und wie dieses Ensemble die amerikanische Luftsicherheit ernsthaft gefährden soll, entgeht mir völlig.

Ach so.

Das Stichwort ist „weit", wie der Beamte gerade erklärt.

Unter ihrem weiten Rock könnte meine Frau ja irgendwas verstecken.

Drogen zum Beispiel.

Oder Sprengstoff.

Oder vielleicht eine kleine, taktische Nuklearwaffe, wer weiß das schon?

Irgendwas eben, was auf gar keinen Fall in ein Passagierflugzeug gelangen darf. Und deswegen ist eine Durchsuchung leider zwingend erforderlich. Allerdings ergibt sich jetzt ein kleines Problem: Nämlich dass meine Frau eine Frau ist. Der Beamte ist dagegen ein Mann und darf sie deshalb nicht berühren. Das darf nur eine andere Frau. Und leider, leider ist im Augenblick keine verfügbar. Also bittet der Beamte um Geduld und stellt meine arme Frau gewissermaßen unter Quarantäne. Dafür verfügt der Flughafen über eine Einrichtung, über deren Zweck ich schon länger rätselte und die jetzt zum Einsatz kommt: einen Isolationsraum am Rand des Kontrollbereichs.

Im Grunde nur ein Würfel aus dickem Glas mit einer Kantenlänge von ungefähr zweieinhalb Metern.

Ohne jede Einrichtung.

Mit nur einer Tür.

Die nur außen einen Drücker hat.

In diesem Glaswürfel sitzt meine Frau jetzt fest.

Nicht, dass sie während der Wartezeit noch versucht, ihren geschmuggelten Atomsprengkopf irgendeinem anderen, unschuldigen Reisenden unterzuschieben…

Sie steht drinnen und guckt grimmig nach draußen, während viele Reisende neugierig hineinschauen, ganz zu schweigen von einem runden Dutzend Kameras, die vermutlich alle Vorgänge in Zeitlupe aufzeichnen.

Ein besonders grimmiger Blick trifft mich.

Ach herrje – diese bequeme Kleidung anzuziehen war ja meine Empfehlung!

Alles meine Schuld…

Bevor ich den Gedanken weiter verfolgen kann, werde ich allerdings vom Sicherheitsbeamten entdeckt und prompt weggeschickt. Ich bin ja im Gegensatz zu meiner Frau bereits als ungefährlich eingestuft worden und darf daher nicht weiter im Weg herumstehen. Wenn ich schon nichts zu tun habe, so deutet der Beamte an, möge ich das doch bitte woanders tun.

Ich entdecke etwas abseits des unmittelbaren Kontrollbereichs, ungefähr fünf Meter vom Quarantäne-Würfel meiner Frau entfernt, einen Stuhl und lasse mich mit meinen Habseligkeiten dort nieder. Nach ungefähr einer Viertelstunde geht mir auf, dass es wohl länger dauern wird als erhofft, und so lehne ich mich – ganz im amerikanischen Stil – auf dem Stuhl nach hinten gegen die Wand, ziehe meinen sorgfältig durchleuchteten Hut ins Gesicht und versuche, ein kleines Nickerchen zu machen.

Nicht, dass ich wirklich müde wäre.

Aber so muss ich wenigstens die zunehmend wütenden Blicke meiner Frau nicht mehr ertragen.

Als mich jemand unvermittelt an der Schulter rüttelt, wird mir klar, dass ich wohl tatsächlich ein wenig eingenickt bin. Ich schiebe den Hut wieder in den Nacken und schaue in ein dunkelbraunes, von schwarzen Locken umrahmtes Gesicht: Die für die Durchsuchung meiner Frau zwingend benötigte Sicherheitsbeamtin ist eben eingetroffen.

Hurra!

Ich schiele kurz auf die Uhr: Eine gute halbe Stunde seit ihrer Festnahme. Das ging aber schnell.

Die Beamtin ist allerdings über meine Anwesenheit bei weitem nicht so erfreut wie ich über ihre. Während sie einen blauen Gummihandschuh über ihre linke Hand zieht – zack-klatsch – belehrt sie mich in barschem Ton, dass, erstens, mein Stuhl zum Eigentum des Transportsicherheitsamts zähle und seine Benutzung daher nur befugtem Personal gestattet sei. Und – belehrend erhobener, von blauem Gummi umkleideter Zeigefinger – dazu zählen keinesfalls irgendwelche daher gelaufene ausländische Touristen. Und zweitens – zack-klatsch an der rechten Hand – dürfe ich bei der Durchsuchung ohnehin nicht anwesend sein. Zwar darf der halbe Flughafen zugucken, aber ich nicht.

„Aber das ist doch meine Frau…", bekomme ich heraus und sehe, dass sich ihre Miene weiter verdunkelt.

Tiefes Misstrauen schleicht sich ein.

So, so, so, so?!

Das hier ist also der Ehemann, nein, der Komplize der schon so gut wie überführten Atombomben-Exporteurin?

Ich drücke der Beamtin schnell die Plastikwanne mit den Schuhen und der Handtasche meiner Frau in die Hand, bitte sie, ihr einen schönen Gruß von mir auszurichten und begebe mich ohne weiteren Widerspruch in den öffentlichen Bereich hinter der Kontrollstation, bevor sie noch auf dumme Ideen kommt.

Oh Mann…

Hinter dem Sicherheitsbereich sind jede Menge Reisende eifrig damit beschäftigt, Schuhe anzuziehen, Gürtel wieder in Hosen einzufädeln, Uhren wieder ans Handgelenk anzulegen und nach ihren verstreuten und verschollenen Habseligkeiten zu fahnden. Wirkt alles, wenn man das länger beobachtet, eigentlich ganz amüsant. Muss ich mal eine Geschichte drüber schreiben...

Es dauert und dauert, ohne dass meine Frau erscheint.

Verflixt, was haben die denn entdeckt?

Siedend heiß fällt mir ein, dass meine Frau ja zuhause im Krankenhaus in der Nuklear- und Strahlenmedizin arbeitet. Zwar wird dort die Stahlenbelastung regelmäßig und streng kontrolliert, aber vielleicht haben die Amerikaner doch noch Reststrahlung entdeckt? Wird meine Frau im Augenblick vielleicht in einem Betonsarg in ein Kernforschungszentrum überführt?

Oh je, oh je!

Gequält blicke ich auf die Uhr: nur noch anderthalb Stunden bis zum Start unseres Flugzeugs. Was, zum Teufel, soll ich eigentlich machen, wenn meine Frau bis zum Boarding nicht mehr kommen kann?

Weiter hier abwarten? Gestrandet im Niemandsland zwischen Sicherheitskontrolle und Flugsteigen? Erscheint mir keine gute Idee.

Einfach ohne meine Frau abfliegen? Aber wer soll mir dann zu Hause dabei helfen, unser Gepäck zu tragen? Wer unsere Katze füttern? Und vor allem: Wer soll dann für mich kochen?

Nicht, dass ich nicht allein auch zurecht käme. Habe ich schon einmal geschafft, sogar über längere Zeit, während meines Studiums. Allerdings umfasste dieser Zeitraum nicht zufällig genau die Jahre, in denen ich am schlanksten war. Beinahe schon hager···

Oh Mist, was soll ich tun?

Glücklicherweise wird mir die Entscheidung abgenommen.

Von meiner Frau.

Sie biegt um die Ecke, in Strümpfen, ihre Schuhe in der einen Hand, ihre Handtasche in der anderen und Mord im Blick.

„Zieh was Weites an!", faucht sie, als sie mich erblickt. „Was Bequemes! Weißt du noch?"

Ich nicke betreten.

Sie streckt den Zeigefinger in meine Richtung.

„Eines sage ich dir: Beim nächsten Flug trage ich eine Hose. Eng und körperbetont···"

Kurzstrecke

Wir stehen ratlos am Münchner Flughafen. Wir bedeutet: meine Frau, mein dreizehnjähriger Sohn und ich. Wir wollen heute von München nach Venedig fliegen, wo unser Schiff auf uns wartet. Eigentlich kein großes Problem, ein Kurzstreckenflug, nichts Ungewöhnliches. Eigentlich.

Wenn wir unser Gate finden würden. Das gelingt uns nämlich im Augenblick nicht. Wir fliegen vom neuen Terminal des Münchner Flughafens ab, das erst vor wenigen Tagen in Betrieb genommen wurde und noch nicht so richtig fertig gestellt ist. Teilweise hängen noch Kabel aus der Decke, und viele Schilder sind noch Provisorien, handgemalte Hinweise auf Pappe, irgendwo auf eine Säule geklebt. Was definitiv fehlt, ist ein Hinweis auf unseren Flugsteig.

Unser Flug wird am Gate G62 abgefertigt, so hat es uns die nette Lufthansa-Hostess am Check-In-Schalter erklärt, aber jetzt stehen wir am Ende eines langen Gangs, der links und rechts von allen möglichen Flugsteigen flankiert wird. Ein Gang, der nach G60 mit einer hohen Glaswand endet.

„Du hast bestimmt eine Abzweigung übersehen!", meint meine Frau, etwas gereizt.

„Welche Abzweigung?", verlange ich zu wissen, nicht minder gereizt. „Wir haben doch alle Nummern durchlaufend gesehen. Da war keine Abzweigung dazwischen."

„Vielleicht hast du die Frau am Schalter falsch verstanden!", vermutet mein Sohn. Ich halte ihm wortlos eine unserer Bordkarten unter die Nase: G62 steht dort, fett und breit.

Schließlich entdecken wir einen Mitarbeiter des Flughafens. Der erkennt zwar auf den ersten Blick unsere Ratlosigkeit und versucht in der richtigen Annahme, dass hier Arbeit auf ihn wartet, zu flüchten, aber er hat gegen uns keine Chance: In kürzester Zeit haben wir ihn gestellt und eingekreist. Zuerst erhalten wir die Auskunft, G62 sei „dort hinten", begleitet von einer vagen Handbewegung, aber so leicht lasse ich ihn nicht ziehen und erkläre ihm, dass wir schon „dort hinten" gewesen sind und kein Gate G62 finden konnten. Schließlich, nach einem ausgiebigen Kreuzverhör rückt er doch mit der gewünschten Auskunft heraus und weist auf eine gut getarnte, nicht beschilderte Treppe, die neben dem letzten Flugsteig nach unten führt. Dort unten würden wir G61 und G62 finden.

Dort unten?

Hm.

Ich erwäge kurz, den Flughafenarbeiter als Geisel mitzunehmen, für alle Fälle, lasse ihn aber dann doch laufen. Eine Entscheidung, die sich als richtig herausstellt: Unser Gate befindet sich tatsächlich im Untergeschoss.

Dort unten haben sich noch weitere Reisende versammelt. Nicht sehr viele, vielleicht fünfzig Leute, die wie wir nach Venedig fliegen wollen. Außerdem finden wir ein großes Schild, dass eine ganze Reihe von Flugnummern auflistet, darunter auch unseren Lufthansa-Flug, und uns mitteilt, dass dieser Flug heute von einem Partnerunternehmen durchgeführt wird, dem Namen nach zu schließen einer italienischen Regionalfluggesellschaft.

„Code-Sharing ist doch was Feines!", denke ich mir, und wir nehmen Platz, um auf unser Flugzeug zu warten.

Was kommt, ist ein Bus. Unsere Maschine steht auf einer Außenposition, und der Bus wird uns dorthin bringen. Wir steigen ein und merken nach etlichen Minuten, dass der Begriff „Außenposition" heute wörtlich gemeint ist. Unser Bus fährt und fährt, und mein Sohn sieht mich schließlich kritisch an.

„Papa, lohnt sich der Flug eigentlich noch?", fragt er. „Wir müssten doch sowieso bald in Venedig sein, oder?"

Gute Frage. Meinem Gefühl nach hat er recht, weit kann es wirklich nicht mehr sein. Trotzdem, so verrät der Blick nach draußen, sind wir nach wie vor auf dem Flughafengelände. Allerdings in einem Teil des Flughafens, den man als normaler Reisender nur selten zu sehen bekommt. Die großen Verkehrsflugzeuge sind längst in der Ferne verschwunden, und wir fahren jetzt an Privatflugzeugen vorbei, die ordentlich in Doppelreihen abgestellt sind. Ich sehe einige Lear-Jets, dazwischen einmotorige Sportflugzeuge und andere Spielzeuge reicher Leute. Plötzlich biegt unser Bus zwischen zwei Privatflugzeugen ein, hält an, und der Fahrer öffnet die Türen. Ich gucke überrascht, wie auch einige andere Fahrgäste um uns herum, denn irgendwie kann ich mir nicht so recht vorstellen, was wir hier sollen. Dann entdeckt meine Frau unsere Maschine.

„Was – damit soll ich fliegen?", fragt sie, fassungslos. „Nein, da steige ich nicht ein! Das ist ja nur ein fliegendes Gurkenglas!"

Ich recke den Kopf und kann verstehen, was sie meint. Vor dem Bus steht ein kleines, zweimotoriges Turboprop-Flugzeug, scheinbar nicht viel größer als die kleinen Privatflieger daneben. Auch unser Sohn hat es jetzt gesehen.

„Was ist das denn?", fragt er und deutet auf die Maschine.

„Das ist unser Flugzeug", antworte ich. „Glaube ich zumindest."

Wir steigen aus und nähern uns dem „Gurkenglas". Aus der Nähe sieht es etwas größer aus, die Tür am Heck steht offen, eine Stewardess steht freundlich lächelnd daneben. Nicht darunter, wie bei einem richtigen, großen Flugzeug, wo sich der Einstieg mindestens zwei Meter über dem Boden befindet. Sie steht tatsächlich daneben, da der Einstieg der kleinen Maschine höchstens vierzig Zentimeter über dem Asphalt liegt. Eine Fluggasttreppe ist damit auch nicht notwendig, vielmehr reichen zwei Stufen, und wir sind im Inneren. Dort warten ein gutes Dutzend Sitzreihen mit je vier Sitzen auf uns, und wir lassen uns auf unseren Plätzen nieder, ziemlich weit vorne.

„Wir sind in einem Reisebus mit Flügeln", denke ich. Nicht mehr und nicht weniger. Allerdings immer noch besser als ein fliegendes Gurkenglas.

Draußen beginnt jetzt die Verladung des Gepäcks. Eine große Ladeluke im vorderen Teil der Maschine wird geöffnet, die Koffer und Taschen werden ordentlich davor aufgereiht. Die Verladung ist gar nicht so einfach, stelle ich fest, denn da das Flugzeug so klein ist, verfügt es nicht über ein Frachtdeck unter der Passagierkabine, sondern nur über ein Gepäckabteil zwischen dem Cockpit und der Passagiersektion. Die beiden Arbeiter, die jetzt das Gepäck einladen, sind Meister im Tetris-Spiel, das erkenne ich beim Zusehen.

Sicherlich kennen Sie Tetris, das kleine Computerspiel, bei dem es darauf ankommt, unterschiedlich geformte Elemente so zu schichten, dass möglichst keine Zwischenräume offen bleiben?

Genau das tun die beiden, allerdings nicht virtuell, sondern real, mit unserem Gepäck. Sie schichten Koffer um Koffer in das Frachtabteil, und als zum Schluss einige Koffer übrig bleiben, laden sie alles wieder aus und beginnen von vorne. Und nochmals. Routiniert. Geduldig.

Mein Sohn sieht fasziniert zu. Er spielt ganz gut Tetris, aber hier könnte er nicht mithalten. Einen Augenblick lang keimt Panik in mir auf, als ich einen unserer Koffer einsam und verlassen auf dem Asphalt stehen sehe, aber schließlich tritt ein, was ich schon nicht mehr zu hoffen wagte: Das gesamte Gepäck ist verstaut. Die letzte Tasche wird in den letzten, schmalen Schlitz ganz oben im Frachtraum geschoben. Die Tetris-Meister haben gesiegt. Beide müssen zwar mit aller Kraft drücken, um die Frachtluke zu schließen, aber schließlich rastet das Schloss mit lauten Klicken ein. Wir sind abflugbereit.

Das merkt man jetzt auch in der Passagierkabine. Die Stewardess – es gibt nur die eine – schließt die Tür und begibt sich auf ihren Sitz, gerade noch rechtzeitig, bevor die Motoren anspringen und die Propeller beginnen, sich zu drehen. Dieser Vorgang im mit beträchtlichem Lärm und starken Vibrationen verbunden, die meinen Sohn wieder skeptisch gucken lassen. Er kennt bisher nur Jets, und das Gerüttel der Propeller kommt ihm nicht geheuer vor. Was allerdings unser Maschinchen nicht daran hindert, laut brummend auf die Startbahn zu rollen und tatsächlich nach kürzester Zeit abzuheben. Während dieses Vorgangs muss ich die ganze Zeit an die dicken, großen Hummeln denken, die im Frühjahr unseren Garten erkunden. „So muss es sich anfühlen, mit einer Hummel zu fliegen!", denke ich, als München unter uns verschwindet, und lächle in mich hinein.

Es wird ein schöner Flug. Der Service, den uns unsere einsame Stewardess bietet, ist vorbildlich. Binnen kürzester Zeit sind wir mit Cocktails versorgt, unser Sohn zu seiner Enttäuschung allerdings nur mit einem alkoholfreien. Wir haben Bilderbuchwetter, keine Wolke stört die Aussicht. Wir brummen über die Alpen, viel niedriger als mit einem Jet, so niedrig, dass man das Gefühl hat, man bräuchte nur die Hand auszustrecken, um die schneebedeckten, im Sonnenlicht gleißenden Gipfel berühren zu können. Das versuche ich natürlich nicht, schließlich brauche ich ja die Hand, um meinen Cocktail zu halten.

Als wir Venedig erreichen, bekommen wir zunächst keine Landeerlaubnis, und unser Pilot nutzt die Wartezeit, um ein, zwei Schleifen über der Lagune zu ziehen, und wir können tatsächlich unser Schiff im Hafen liegend von oben besichtigen. Fantastisch, einfach fantastisch.

Die Rückreise treten wir ab Barcelona an, und während wir auf unseren Flug nach Hause warten, fragt unser Sohn hoffnungsvoll „Ob wir wohl wieder mit einem Propellerflugzeug fliegen?" und ist etwas enttäuscht, als ein ganz ordinärer Jet vor unseren Ausgang rollt.

Ich habe später, zu Hause, nachgeschlagen, mit welcher Maschine wir den Flug nach Venedig absolvierten und stieß nur auf eine nichtssagende Kombination aus Buchstaben und Ziffern. Macht aber nichts. „Gurkenglas" und „Hummel" sind die Stichworte, unter denen meine Frau immer genau weiß, was ich meine...

Berge

Wir – meine Frau und ich – sitzen im Flugzeug. Es ist ein ausgesprochen angenehmer und bequemer Flug, denn die Maschine ist nicht einmal zur Hälfte besetzt, so dass wir trotz unserer Buchung in der Holzklasse viel Platz haben.

Und es herrscht schönstes Flugwetter. Der Begriff „Kaiserwetter" schießt mir durch den Kopf, den meine Urgroßmutter immer gebrauchte: Der Himmel ist tiefblau, keine Wolke stört die Sicht, die Luft ist glasklar.

Kaiserwetter – dieses Wort passt heute.

„Oh, schau, wie schön!", ruft meine Frau auf einmal und deutet aus dem Fenster. Ich folge ihrem Hinweis. Wir befinden uns gerade hoch über den Schweizer Alpen. Die schneebedeckten Gipfel reflektieren die Sonne in gleißenden Lichtlanzen. Am Horizont ist das dunkle Blau eines Sees zu erahnen.

„So schön sieht man die Berge wirklich selten!", meint sie beeindruckt.

Das scheint jemand anders auch so zu begreifen.

Hinter mir stimmt nämlich eine Kinderstimme ein Lied an.

„Heidi, Heidi, deine Welt sind die Berge…", ertönt es leise.

Ich drehe mich um und spähe durch den schmalen Spalt zwischen den Rückenlehnen nach hinten. Ein kleines Mädchen sitzt dort, fünf oder sechs Jahre alt, mit einem Teddy auf dem Schoß und guckt versonnen auf die prächtige Landschaft zehntausend Meter weiter unten.

„Heidi, Heidi, deine Welt sind die Berge…", wiederholt sie die erste Zeile des Liedes; die anderen sind ihr wohl entfallen.

Meine Frau lächelt mich an.

„Das ist der Titelsong aus der Zeichentrickserie", denkt sie laut. „Ich wusste gar nicht, dass die Kinder die heute noch anschauen."

Ich auch nicht – die Serie muss doch mindestens dreißig Jahre alt sein. Wenn nicht älter…

„Sind sie nicht schön, die Berge?", fragt hinter mir eine Frau – offenbar die Mutter des kleinen Mädchens – das Kind.

Die Kleine gibt keine Antwort. Stattdessen singt sie wieder – diesmal mit festerer und lauterer Stimme: „Heidiiii, Heidiii, deine Welt sind die Behergeee···"

„Scheint ihr ja zu gefallen", kommentiert meine Frau trocken, während ihr versonnenes Lächeln langsam erlischt.

Sie hat recht, wie immer.

Kaum hat sie ausgesprochen, kommt erneut diese eine Textzeile, diesmal mit einem recht provokanten Unterton: „HEIDIIIIIIIII, HEIDIIIIIII, DEIIIIINE WELT SIND DIE BE-HER-GEEEEEE···"

Eine Stewardess kommt auf dem Weg zu einem Passagier weiter hinten in unserer Maschine an uns vorbei und lächelt das Mädchen mit ihrem professionellen Stewardessenlächeln an.

„Toll, wie du singst!", sagt sie zerstreut im Vorbeigehen.

„Ach herrje!", murmelt meine Frau. „Das Kind auch noch zum Singen zu ermutigen, wäre nun wirklich nicht nötig gewesen."

Nein, wäre es nicht.

Prompt ertönt es wieder aus der Reihe hinter uns, wieder etliche Dezibel lauter: „Heidiiiii, Heidiiiii, deiiiiiiine Welt sind die Be-her-geeee···"

Leider aber findet das kleine Mädchen offenbar damit nicht den Anklang und die Aufmerksamkeit, die sie sich davon erhofft – niemand nämlich reagiert auf das Heidi-Gebrüll. Also legt sie noch eine Schippe drauf. Sie schreit jede Silbe einzeln heraus und tritt dabei jedes Mal kräftig an die Rückenlehne des Vordersitzes.

„HEI···", Tritt.

„DIIII···", Tritt.

„HEI···", Tritt.

„DIIII···", Tritt.

„DEIIIII···", Tritt.

„NEEEE···", Tritt.

„WELT···", ein besonders starker Tritt.

Die Rückenlehne des Sitzes scheppert.

Blöderweise handelt es sich leider nicht um irgendeine Rückenlehne, sondern um die Rückenlehne meines Sitzes.

Durch die dünne Economy-Polsterung kann ich jede der Silben äußerst unangenehm in meiner Wirbelsäule spüren, die das Mädchen mit der Kindern eignen Zielsicherheit trifft.

Ich drehe mich um.

„Kleine“, sage ich und hoffe dabei, nicht allzu grimmig auszusehen, „bitte hör doch auf, mir in den Rücken zu treten. Das tut nämlich weh.“

Das Kind schaut mich mit großen Augen an. Ihre Mutter bedenkt mich mit einem genervten Blick und weist ihre Tochter an: „Setz dich auf meinen Platz, da störst du den Herrn nicht!“

„Äh, nein!“, schaltet sich meine Frau unerwartet ein. Sie schaut mich vorwurfsvoll an und wendet sich dann ebenfalls nach hinten.

„Tut mir leid, aber auch ich möchte keine Tritte in den Rücken. Bitte stellen Sie das doch ab oder“, sie weist mit einer raumgreifenden Geste auf die vielen freien Plätze im Flugzeug, „setzen Sie sich auf einen anderen Platz!“

Die Mutter würdigt uns keiner Antwort, sondern funkelt uns nur böse an, hält aber immerhin die Beine des Mädchens fest und hindert sie so daran, weiter die Vordersitze mit uns darauf zu traktieren.

„Heidi, Heidi, deine Welt sind die Berge···“, bemerkt das Kind dazu leise und traurig und singt diese Zeile während des gesamten Rests des Fluges.

In Barcelona verlieren wir nach dem Aussteigen die beiden aus den Augen, und auch der Heidi-Gesang verliert sich im Menschengewühl des Flughafens.

„Bin ich froh, dass wir auf Kreuzfahrt gehen“, seufzt meine Frau schließlich erleichtert.

„Wieso?“, frage ich verständnislos.

„Na ja, würdest du nach diesem Flug tatsächlich gerne in die Beher-ge fahren?“

Platz-Angst

Meine Frau und ich sitzen im Flugzeug und beobachten aus dem Fenster, wie der Flughafen, von dem wir gerade gestartet sind, unter uns zurückbleibt. Wir fliegen heute nach Miami.

Langstrecke also.

Mehr als elf Stunden müssen wir hier in dieser fliegenden Aluminiumröhre aushalten, zusammen mit gut 300 Mitreisenden. Eigentlich eine schrecklich unbequeme Angelegenheit, vor allem für meine Frau, die unter starken Rückenbeschwerden leidet und eigentlich spätestens nach einer Stunde Bewegung bräuchte.

Heute aber schreckt uns diese Aussicht nicht besonders. Für diesen Flug haben wir nämlich bei der Fluggesellschaft sogenannte XL-Seats gebucht, gegen einen ordentlichen Aufpreis, versteht sich.

Nein, lieber Leser, dabei handelt es nicht um eine höhere Buchungsklasse. Es handelt sich dabei um ganz normale Economy-Sitze, keinen Zentimeter breiter oder länger als alle anderen in der Holzklasse auch. Allerdings befinden sich diese Plätze direkt am Notausgang, in der ersten Reihe der Economy-Kabine. Vor uns wurde also keine weitere Sitzreihe montiert, sondern es erstreckt sich ein etwa anderthalb Meter breiter Quergang zwischen den beiden Einstiegen links und rechts. Man hat daher also das, was uns beim Fliegen am wichtigsten ist: Beinfreiheit. Gewissermaßen ohne Ende. Und sogar genug Platz, auch mal aufzustehen und ein oder zwei Schritte zu tun, wenn man möchte.

Traumhaft, gerade auf Langstrecke. Und dafür nimmt man doch gern in Kauf, dass sich eine Toilette in unserer unmittelbaren Nachbarschaft befindet. Genüsslich strecke ich meine Beine aus und schlage mein Buch auf···

„Sagen Sie mal, wen mussten Sie denn töten, um diese Sitzplätze zu ergattern?“, unterbricht auf einmal eine Stimme meine Lektüre.

Ich blicke auf.

Vor mir steht eine ältere Dame, aus deren Miene der grüne, blanke Neid spricht.

„Töten?", frage ich verständnislos. „Niemanden. Wir haben halt rechtzeitig gebucht und den Aufpreis bezahlt…"

„Ach, die verkaufen diese Plätze?"

Die Dame starrt mich angriffslustig an.

Ich nicke.

„Ja, tun sie. Aber man muss halt rechtzeitig…"

„Was für eine Unverschämtheit!", fällt sie mir ins Wort. „Anstatt solche Plätze für Behinderte zu reservieren!"

Ich zucke etwas hilflos die Schultern. Ich bin schließlich für die Geschäfts- und Preispolitik der Fluggesellschaft nicht verantwortlich, und irgendwie kann ich auch beim besten Willen kein schlechtes Gewissen dafür entwickeln, rechtzeitig die richtige Buchung getätigt zu haben. Die Dame wirft mir nochmals einen bösen Blick zu und verschwindet in der Toilette.

Meine Frau sieht ihr nach und meint: „Die ist uns doch schon vorhin, am Flughafen, aufgefallen. Das ist die, die von einem Mitarbeiter der Fluggesellschaft in einem Rollstuhl ans Gate gerollt wurde!"

Stimmt, ich erinnere mich. Mir tat sie in ihrer Hilflosigkeit richtig leid. Wobei aber jetzt und hier von einer Gehbehinderung nicht das Geringste mehr zu sehen war. Schon irgendwie komisch...

Ich zucke nochmal mit den Schultern und vertiefe mich wieder in mein Buch.

Patsch!

Die Hand eines Kleinkindes landet auf dem Bildschirm meines E-Book-Readers. Ich schrecke zusammen und lasse beinahe den Reader fallen. Neben mir, im Gang, steht ein kleines Mädchen, das zwar mit Sicherheit noch nicht lesen kann, sich aber sichtlich für den Reader interessiert. Ihr etwas größerer Bruder wird von der Mutter der beiden an der Hand gehalten, und alle drei warten offenbar darauf, dass die Toilette frei wird.

Die Blicke der Mutter wandern über unsere XL-Sitze, über unsere ausgestreckten Beine. Ihre Miene verfinstert sich.

„Sagen Sie mal, Sie haben doch keine Kinder!", stellt sie fest. Sie klingt ziemlich aggressiv.

„Bitte?", fragt meine Frau irritiert und sieht von dem Film hoch, den sie sich im Unterhaltungssystem unseres Flugzeugs aufgerufen hat. „Doch, wir haben einen Sohn…"

„Aber der ist doch nicht dabei?", hakt die Mutter ein, während ich versuche, meinen Reader aus der Reichweite der Händchen ihrer Tochter zu halten.

„Nein, warum…", setzt meine Frau verständnislos an, wird aber wieder unterbrochen.

„Ich meine wegen ihrer tollen Plätze!", faucht die Mutter. „Sie müssten mal sehen, wie wir drei dort hinten zusammengepfercht sind! Wieso kriegen Sie als kinderlose Reisende solche Plätze!?"

„Weil wir sie rechtzeitig reserviert und bezahlt haben", erkläre ich erneut und geduldig, ernte aber nur ein ungehaltenes Schnauben. Glücklicherweise wird jetzt die Toilette frei, und die drei ziehen weiter. Ich hole ein Taschentuch aus meiner Hosentasche, um die Fingerabdrücke des Mädchens vom Bildschirm meines E-Books zu entfernen und erwäge, auch einen Film aufzurufen – ach nein, das Buch ist einfach zu spannend…

„Was tun Sie hier eigentlich?", reißt mich kurze Zeit später eine unfreundliche Stimme aus meinem Buch.

Vor mir steht, wie ein Blick zeigt, ein schlanker, junger Mann und funkelt mich böse an. Ein großer, junger Mann. Mindestens 1,95 m, schätze ich, vielleicht sogar mehr. Ich schaue mich kurz um, aber nein, kein Irrtum möglich, der junge Mann spricht nicht mit jemandem anderen, sondern meint tatsächlich mich.

„Äh – na ja – wir fliegen – nach Miami", stottere ich verwirrt. „So wie alle anderen hier auch…"

„Hey, verarschen Sie mich nicht!", fährt er mich barsch an, und ich rutsche vorsichtshalber ein Stückchen weg von ihm in Richtung meiner Frau. Angesichts der Breite der Sitze sind das zwar nur zwei oder drei Millimeter, aber besser als nichts.

„Wieso kriegen Sie solche Plätze?", erkundigt sich der junge Mann und weist auf unsere phänomenale Beinfreiheit. „Die brauchen Sie doch gar nicht. Ich dagegen kann dort hinten", er fuchtelt unbestimmt in Richtung Heck des Flugzeugs, „nicht mal richtig sitzen. Das ist ja eine bodenlose Unverschämtheit!"

„Nein, das ist es keineswegs", halte ich in betont sachlichem Ton dagegen. „Diese XL-Sitze kann man gegen Aufpreis…"

„Da sehen Sie, XL-Sitze!", fällt er mir ins Wort. „Das trifft doch auf mich viel mehr zu als auf Sie!"

„Von der Größe her sicherlich", gestehe ich ihm zu, „aber sicherlich nicht in Punkto Umfang."

Ich tätschle dabei meinen Bauch, der zugegebenermaßen in den letzten Jahren etwas mehr Format erreicht hat als er eigentlich sollte. XXL, wenn man so will.

„Wie dem auch sei", fahre ich fort, mittlerweile etwas ungehalten, „wir haben diese Plätze rechtzeitig reserviert und einen Aufpreis bezahlt, und wenn Ihnen das nicht passt, beschweren Sie sich doch bitte bei der Fluggesellschaft!"

„Und ob ich das tue!", wütet er und wendet sich der Pantry zu, wo einige Stewardessen gerade ein kleines Päuschen machen.

Allerdings nicht mehr lange, fürchte ich...

Nun ja, alles nicht mein Problem.

Obwohl – wenn ich mich in unserer Umgebung umsehe, dann muss ich zu meiner Beunruhigung feststellen, dass der Auftritt des jungen Mannes uns sehr viel Aufmerksamkeit unserer Mitreisenden eingebracht hat. Kritische Augen mustern unsere XL-Seats, registrieren – wohl zum ersten Mal bewusst – unsere Beinfreiheit, vergleichen unsere Sitzposition mit der eigenen. Und die Ergebnisse dieser Vergleiche gefallen den Betroffenen wohl nicht so ganz, das kann man an den Gesichtern ablesen.

Ach, Mist!

Und noch immer mehr als acht Flugstunden bis Miami…

„Unmögliche Leute!", bemerkt meine Frau kopfschüttelnd nach einer kurzen Pause. „Wenn man sich nicht informiert, was auf einen zukommt, darf man doch die Schuld dafür nicht anderen zuschieben!"

Sie streckt sich, und ich höre ihren Rücken laut knacken. Wahrscheinlich einer der bösen Wirbel.

„Ich glaube, ich muss jetzt einfach mal kurz stehen", kündigt sie an und macht Anstalten, ihren Sitzgurt zu lösen.

„Bist du völlig verrückt?", frage ich entsetzt.

Ich weise mit einer Armbewegung auf die finsteren Mienen rings um uns herum und ziehe meinen eigenen Gurt vorsichtshalber ein wenig enger.

„Du siehst doch, wie begehrt unsere Plätze sind. Wenn du jetzt aufstehst, garantiere ich dir, dann wirst du deinen Platz nie wieder kriegen…"

Mindestens haltbar bis…

Wir – meine Frau und ich – sitzen am Morgen in der Enge einer Flugzeugkabine. Nur für einen Kurzstreckenflug. Gott sei Dank nur Kurzstrecke…

Zwar hätten wir eigentlich gestern schon am Nachmittag fliegen sollen, aber unser Flug wurde annulliert, und heute Morgen ist der nächstmögliche.

Ärgerlich.

Aber was soll ´ s. Kommen wir halt einen Tag später nach Hause.

„Meinst Du, wir kriegen wieder Müsli?", fragt meine Frau unvermittelt und weist auf die Stewardess, die gerade mit dem Service beginnt. Sie bezieht sich mit ihrer Frage auf den Hinflug, der vor einigen Tagen ebenfalls am Morgen stattfand und wo man für unser leibliches Wohl sorgte, indem man uns eine sagenhafte vierzig Gramm schwere Schale Müsli und ein Mini-Fläschchen Milch servierte. Ich persönlich weiß nie so genau, ob ich bei so etwas lachen oder weinen soll. Auf der einen Seite finde ich es ja nett, dass man überhaupt etwas bekommt; für anderthalb Flugstunden bräuchte ich für meinen Teil nicht wirklich etwas zu essen. Gehört aber wohl einfach zum Premium-Anspruch einer großen deutschen Luftfahrtgesellschaft. Auf der anderen Seite aber ärgere ich mich immer über die miserable Qualität, mit der man ganz offensichtlich versucht, sich der gefühlten Verpflichtung möglichst billig zu entledigen.

Entweder richtig oder gar nicht, ist da mein Standpunkt.

Die Stewardess erreicht unsere Sitzreihe – und, nein, heute gibt es kein Müsli. Stattdessen erhalten wir eine in Zellophan verpackte Schoko-Schnecke.

Auch im Miniformat, wie das Müsli vor ein paar Tagen.

Gerade mal achtzig Gramm schwer.

„Hm!", meint meine Frau und studiert die ganz klein gedruckte Aufschrift auf der Kunststoffhülle. „Mindestens haltbar bis…"

Sie guckt noch genauer hin.

„Haltbar bis··· was, noch mehr als ein halbes Jahr!?"

Sie blinzelt mich ungläubig an.

„Ein Backwerk, das noch ein halbes Jahr haltbar ist?"

Ich zucke die Schultern: „Ist halt eine Dauerschnecke. Und meine hält jetzt garantiert kein halbes Jahr mehr."

Mit diesen Worten reiße ich Verpackung auf und mache mich über die Schokoschnecke her. Schmeckt mir nicht besonders. Pampig und ziemlich kalt, fast gefroren. Aber haltbar hin oder kalt her, wäre ja schade, wenn sie umkäme···

In Frankfurt steigen wir aus, und ich bemerke, dass meine Frau eine Hand auf ihren Bauch presst und leise stöhnt.

„Diese Schnecke habe ich nicht richtig vertragen! Die liegt mir wie ein Stein im Magen", erklärt sie auf meinen fragenden Blick hin.

Ich nicke. Ich verstehe, was sie meint. Auch mein Magen fühlt sich nämlich unangenehm schwer an. Sollte man nicht glauben, dass ein solch kleines Gebäck ein solches Völlegefühl erzeugen kann.

„Oh Mann, daran werde ich noch tagelang zu verdauen haben!", stöhnt meine Frau, und diesmal schüttle ich den Kopf.

„Nein. Vermutlich noch ein gutes halbes Jahr. Und beschwer dich nicht, sie hatten dich sogar vorgewarnt! Erinnerst du dich an den Aufdruck? Mindestens haltbar bis···"

Alleine

Wir stehen auf dem Flughafen von Lissabon am Check-In und sind alles andere als glücklich.

Wir bedeutet: meine Frau, unser Sohn und ich.

Eine der Ursachen dafür, dass wir nicht glücklich sind, liegt darin, dass wir eigentlich gar nicht hier sein wollen. Wir sollten jetzt eigentlich in Funchal sein, auf Madeira, und einen schönen, ausgiebigen Urlaub genießen.

Können wir aber nicht.

Meine Frau ist nämlich seit einigen Tagen krank.

Ziemlich schwer…

Die Malaise beginnt, als wir unser Hotel in Funchal erreichen. Meine Frau fühlt sich nicht wohl und klagt über Schmerzen. Zuerst denken wir beide an Reisekrankheit, aber als die Schmerzen in der Nacht immer schlimmer und dann am nächsten Vormittag unerträglich werden, entschließen wir uns, den Hotelarzt zu rufen.

Der kommt, erschrickt sichtlich beim Anblick meiner Frau und ruft nach einer Untersuchung mit einer geschätzten Dauer von zehn Sekunden einen Krankenwagen. Ich kann gerade noch unseren Sohn bei einer freundlichen Angestellten des Hotels in Verwahrung geben, bevor es mit Blaulicht, Sirene und einem Höllentempo durch das hügelige Funchal zum Krankenhaus geht.

Eine abenteuerliche Fahrt, zweifellos.

Eine, auf die wir beide liebend gern verzichtet hätten.

Im Krankenhaus eröffnet uns der Arzt, diesmal nach eingehender Untersuchung und Röntgendiagnostik – ich nutze die Wartezeit für eine längere Telefonkonferenz mit unserer Auslandskrankenversicherung – dass es meine arme Frau ziemlich schwer erwischt hat.

„Nicht lebensbedrohlich, da machen Sie sich mal keine Sorgen!", meint er beruhigend.

Aber meine Frau muss behandelt werden. Jetzt. Und unglücklicherweise ist man in Funchal nicht in der Lage, die notwendige Behandlung zu bieten.

„Madeira ist eben nur eine kleine Insel", erklärt der Arzt entschuldigend, und weder das allgemeine Krankenhaus noch die Privatklinik, in der wir uns befinden, verfügen über die notwendige technische Ausstattung. Er werde meine Frau nach Lissabon verlegen, in die Uniklinik. Einen Liegend-Flug werde er umgehend organisieren.

Meine Frau schüttelt den Kopf.

Nein.

Sie will nicht.

Der Arzt zuckt die Schulter.

Nicht nach Lissabon? Gut, dann eben nach Casablanca. Dort gebe es auch…

Meine Frau wird, soweit möglich, noch einen Tick blasser, und ihr Kopfschütteln verstärkt sich so, dass ich um ihre Halswirbel fürchte.

Sie will auch nicht nach Casablanca.

Nein, nein, nein, nein, nein.

Sie will ganz einfach nach Hause.

Ich erkläre ihr, dass das nicht geht. Die Versicherung hat nämlich schon klar gestellt, dass sie einen Heimtransport nicht übernehmen wird. Medizinisch nicht notwendig, heißt es, immerhin kann ja die notwendige Behandlung auch in der Nähe erbracht werden.

In Lissabon eben.

Oder in Casablanca.

Der Arzt wiegt nachdenklich den Kopf. Er könne versuchen, verkündet er schließlich, trotz seiner Bedenken meine Frau in Funchal in den nächsten ein, zwei Tagen symptomatisch zu behandeln und soweit wiederherzustellen, dass sie einen regulären Flug überstehen kann.

„Aber dann müssen Sie wirklich schnellstmöglich nach Hause und dort umgehend in ärztliche Betreuung!", mahnt er eindringlich, und meine Frau nickt.

So wird ´ s gemacht.

Für mich ist das der Auftrag, auf die Schnelle einen Heimflug zu organisieren. Also begebe ich mich am nächsten Morgen wohlgemut zur örtlichen Niederlassung unseres Reiseveranstalters, bewaffnet mit meinem Sohn und viel Zuversicht – und muss mich auslachen lassen.

Den Rückflug vorverlegen?

Jetzt, in der Hauptsaison?

Ein guter Witz, ha, ha, ha.

Alle Flüge sind für Wochen ausgebucht, und entweder wir fliegen wie geplant in knapp drei Wochen oder überhaupt nicht.

„Versuchen Sie ´ s doch mal bei den Linienfluggesellschaften", rät mir eine der Angestellten in einem Anflug von Mitleid.

Also gut.

Ein Linienflug also.

Ich klappere die Büros der Fluggesellschaften ab, und mein Optimismus schmilzt dahin wie die Eiswürfel in den Cocktails der hiesigen Bars. Überall bekomme ich die gleiche Auskunft wie bei meinem Reiseveranstalter, nur etwas höflicher.

Alles ausgebucht.

Man könne uns auf die Warteliste nehmen, aber dann müssten wir am Flughafen warten, und die Aussicht, gleich drei Tickets zu bekommen, gehe gegen Null. Von meiner Zuversicht ist nur noch eine lauwarme Pfütze übrig und ich überlege schon, wie ich meiner Frau in der Klinik am schonendsten beibringe, dass sie doch verlegt werden muss, als ich schließlich fündig werde. Eine Gesellschaft hat übermorgen drei freie Plätze.

Zwar Business-Class, und mit Umsteigen in Lissabon, aber immerhin.

Ich schlage zu, bevor sie weg sind.

Und nun sind wir auf dem Heimweg.

Meiner Frau hat man vor dem Abflug noch mal einen kräftigen Medikamentencocktail verabreicht, sie ist schon auf dem kurzen Flug von Funchal nach Lissabon ziemlich weggetreten. Jetzt döst sie im Stehen und bekommt daher auch nicht mit, was ich hier am Check-In für unseren Anschlussflug nach Frankfurt für ein Problem habe.

Die Glückliche.

Die Hostess hat mir nämlich eben eröffnet, dass der Anschlussflug nach Frankfurt überbucht sei. Nur noch zwei Plätze sind verfügbar, keine drei. Es täte ihr wirklich sehr, sehr leid, versichert sie mir, sie könne es aber nicht ändern.

„Und nun?", frage ich, der Verzweiflung nahe.

Da ist guter Rat teuer.

Die späteren Flüge seien alle ausgebucht, erfahre ich.

Aber···

Die Hostess wälzt Papiere.

Ja! Treffer!

Auf einem Flug von Faro nach Frankfurt sei noch ein freier Platz, und ein Inlandsflug nach Faro startet in einer Viertelstunde. Also könnten meine Frau und mein Sohn nach Frankfurt fliegen, schlägt sie mir vor, und ich könnte über Faro nachkommen.

Ich schüttle heftig den Kopf.

Nein, nein, nein, nein, nein.

In ihrem Zustand kann ich meine Frau nicht allein lassen, schon gar nicht mit unserem Sohn, und das erläutere ich der Hostess.

„Gibt es denn gar keine andere Möglichkeit?", frage ich verzweifelt. „Ich nehme gerne das Kind auf den Schoß. Oder, wenn ´ s sein muss, fliege ich auch im Cockpit mit. Oder in der Bordtoilette!"

Jetzt schüttelt die Hostess hinter ihrem Schalter den Kopf.

Nein, nein, nein, nein, nein.

Keine Chance.

Verstößt alles gegen die Beförderungsbestimmungen.

Dann hält sie auf einmal inne, und ihr Blick gleitet nachdenklich an mir vorbei. Ich folge diesem Blick – und sehe meinen Sohn, der, seinen kleinen, bunten Pappkoffer mit seinen Lieblingsspielsachen in der Hand, geduldig darauf wartet, dass es weiter geht.

Ich hebe den Blick zurück zur Hostess hinter ihrem Schalter.

„Das", frage ich schwach, „ist doch hoffentlich nicht Ihr Ernst?"

Die Hostess nickt eifrig.

Doch, doch, doch, doch, doch.

Wenn meine Frau nicht allein fliegen kann, dann muss das halt mein Sohn. Immerhin, so versucht sie mich zu beruhigen, fliegen Kinder ja öfter allein. Kein Problem für die Fluggesellschaft. Und im Gegensatz zur Bahn könne er ja schließlich nicht einfach unterwegs aussteigen, ha, ha, ha...

Als sie sieht, dass ihr Vorschlag im Gegensatz zur Gesellschaft ein großes Problem für mich ist, versetzt sie mir den Coup de Grâce. Der Flug nach Faro sei schon aufgerufen, so mahnt sie mich, der Flug nach Frankfurt auch, ich müsse mich jetzt entscheiden.

Sofort.

Was ich tue. Notgedrungen. Also gut. Ich habe keine Wahl. Mein Sohn fliegt allein.

In Windeseile werden neue Papiere ausgestellt, die man meinem Sohn in einer Tasche um den Hals hängt, die fast größer ist als er.

ALLEINREISENDES KIND steht in riesigen Buchstaben darauf.

Ich instruiere ihn noch in aller Eile, schön brav zu sein und zu tun, was die nette Dame in der blauen Uniform ihm sagt, und schon wird er von einer Betreuerin abgeholt. Ich winke ihm noch kurz hinterher, als er an ihrer Hand zum Gate geht, und erhasche noch einen zweifelnden Blick von ihm, bevor er und sein bunter Pappkoffer im Menschengewühl des Flughafens verschwinden.

Hoffentlich geht alles gut!

Ich bugsiere meine Frau zu unserem Ausgang und hoffe das Beste.

Als wir im Flugzeug unsere Sitze einnehmen, schreckt meine Frau auf einmal aus ihrem Dämmerzustand auf.

„Wo ist Christoph?", fragt sie und schaut sich aufgeregt um. „Sitzt er woanders?"

„Ja", antworte ich und weise durch das Fenster auf eine kleine Regionalmaschine, die eben zur Startbahn rollt, „dort drüben, vermutlich. Er fliegt nach Faro."

„Alleine? Um Himmels Willen! Und warum nach Faro? Was tut er denn in Faro?", ruft sie entsetzt.

Ich setze an, ihr die Zusammenhänge zu erklären, aber bevor ich das tun kann, gewinnen die Medikamente wieder die Oberhand, und sie döst wieder ein.

Ist auch besser so.

Nach der Landung in Frankfurt stürmen wir, kaum dass wir unser Gepäck eingesammelt haben, zum Empfangsbereich des Fluges unseres Sohns. Die Wirkung der Medikamente meiner Frau lässt jetzt langsam nach, und sie kann ihre Unruhe nicht mehr unterdrücken.

Ich übrigens auch nicht. Wenn das alles bloß mal gut geht...

Am Gate blinkt der Flug unseres Sohnes gerade tiefrot auf: Delayed.

Na toll. Mein Gott, mein Gott, hoffentlich ist nichts passiert!

Vor meinem geistigen Auge taucht prompt das Bild eines qualmenden, zerschmetterten Flugzeugwracks auf. Im Vordergrund das bunte Pappköfferchen meines Sohns, völlig zerfetzt. Mir bricht bei diesem Gedanken der kalte Schweiß aus. Um Gottes Willen, hoffentlich ist unser Sohn nicht irgendwie zu Schaden gekommen...

Ist er nicht, wie nach gut anderthalb Stunden nervösen Wartens gemeldet wird. Wir werden zum Büro der Fluggesellschaft gebeten, wo man unsere Ausweise peinlich genau und in jedem Detail inspiziert, bevor sich eine Tür öffnet und man uns unseren Sohn aushändigt. Er präsentiert sich in allerbester Laune und quillt förmlich über von der Erzählung über sein Abenteuer.

Er wurde, so viel erfahre ich im Laufe der Heimfahrt, tatsächlich keinen Augenblick aus den Augen gelassen.

Überall von einer Betreuerin an die andere übergeben.

In Faro direkt von einem Flugzeug zum nächsten gefahren.

In einem großen Auto.

Einem Auto ganz für ihn ganz alleine.

Und eine Stewardess hat mit ihm zusammen gemalt.

Und im Flugzeug nach Frankfurt hat man ihn buchstäblich mit kostenlosen Spielsachen überhäuft.

Und er hat Cola bekommen!

Nicht nur ein bisschen, so wie bei uns manchmal, sondern so viel, wie er wollte.

Aha.

Diese letzte Information erklärt natürlich einiges.

Unter anderem, warum er eigentlich gar nicht nach Hause will. Er will lieber weiter fliegen. Egal, wohin. Hauptsache, alleine...

Esswerkzeug

Meine Frau und ich sitzen im Flugzeug. Nur ein Kurzstreckenflug, Gott sei Dank, denn beide finden wir Fliegen schrecklich unbequem. Eine richtig hässliche Form des Reisens, da sind wir uns einig, zumindest im Vergleich zu einer Seereise.

Aber manchmal eben leider unvermeidlich.

Vor allem dann unvermeidlich, wenn man so wie wir eine Seereise antreten will, aber mitten in Europa wohnt, buchstäblich Hunderte von Kilometern vom nächsten Meer entfernt.

Unser heutiger Flug ist aber nicht einmal besonders unangenehm. Wir haben diesmal bei einer großen, namhaften, deutschen Fluggesellschaft gebucht, einer, die einen Kranich auf dem Seitenruder ihrer Maschinen führt. Und bei einer solch namhaften Gesellschaft gibt es eben noch die eine oder andere Annehmlichkeit, die die Billig-Konkurrenz schon längst gestrichen hat.

Wie zum Beispiel eine kleine Mahlzeit...

Ich persönlich schwanke bei solchen Angeboten immer ein wenig zwischen Rührung und Amüsement.

Rührung über die Fürsorge, mit der man selbst auf kurzen Flügen noch für das leibliche Wohl der Gäste sorgt.

Amüsement, weil man uns offenbar nicht zutraut, achtzig Minuten in der Luft ohne Nahrungsaufnahme zu überstehen···

Heute wird neben einem Getränk ein kleiner, transparenter Kunststoffbecher mit einem Zellophan-Deckel serviert, der, das kann ich jetzt schon sehen, Nudelsalat mit zwei kleinen Fleischbällchen enthält.

Nicht so begeisternd.

Pasta gehört nicht unbedingt zu meinen Lieblingsspeisen. Und schon gar nicht kalt. Aber wie schon gesagt, irgendwie rührend.

Nur··· wie soll ich den Salat eigentlich essen?

Die Stewardess reicht uns nämlich außer dem Schälchen nichts.

Gar nichts. Kein Messer, keine Gabel, keinen Löffel, nicht einmal eine Servierte.

Einfach nichts eben.

Ich schaue mich fragend um. Erwarten die etwas, dass ich das klebrige, ölige Zeug vielleicht mit den Fingern in mich hinein schaufele? Ich wende mich meiner Frau zu, komme aber gar nicht dazu, meine Frage auszusprechen. Meine Frau hat nämlich gerade den Deckel von ihrer Portion Nudelsalat abgezogen – und in dem Schälchen, neben dem Nudelsalat versteckt doch tatsächlich eine Art Geheimfach entdeckt.

Erinnert mich irgendwie an eines der bekannten Überraschungseier: Spiel, Spaß und eine Überraschung.

Verdeckt vom Nudelsalat enthält dieses Fach zwei dicke, eben-falls in Zellophan verpackte Salzstangen.

Ah ja···

Nun kommen wir der Sache schon näher. Irgendwie soll ich vermutlich den Salat mit diesen Salzstangen aufnehmen – so eine Art essbare Essstäbchen vermutlich?

Falsch.

Unter den Salzstangen kommt noch ein weiteres Zellophan-Päckchen zum Vorschein, das etwas Weißes aus Kunststoff enthält. Ein··· ja, was ist das denn?

„Was zum Teufel ist das denn?", fragt meine Frau in diesem Augenblick. Sie hat den Plastikbeutel geöffnet und das weiße Etwas herausgezogen. Es besteht bei näherer Betrachtung aus zwei Teilen: einem schmalen, dünnen, vielleicht fünf oder sechs Zentimeter langen Kunststoffstreifen und einem darauf liegenden, etwas kürzeren, aber dafür breiteren, löffelartigen Auswuchs mit Zinken am vorderen Ende. Beide Teile sind durch ein einfaches Gelenk verbunden, mit dem man den schmalen Streifen hinter den Auswuchs klappen kann, so, wie das meine Frau jetzt zögerlich auch tut.

Damit erhält man···

„Das ist ein Göffel!", erkläre ich meiner Frau und versuche vergeblich, ein ernstes Gesicht zu machen. „Ein wunderschöner Klapp-Göffel."

Sie schaut mich verständnislos an.

„Na ja", erkläre ich ihr und weise auf die Kunststoffkonstruktion in ihren Fingern, „das ist eine zusammenklappbare Kreuzung aus Löffel und, wie du an den Zinken siehst, einer Gabel. Ein Klapp-Göffel also."

Meine Frau mustert den Göffel misstrauisch.

„Und damit soll ich essen? Meinst du, das funktioniert?"

Ich wiege nachdenklich den Kopf.

„Wenn du schnell isst, wirst du sogar möglicherweise fertig, bevor das schäbige Teil den Geist aufgibt. Weißt du was, probier es doch einfach, und ich warte ab···"

„Um dich selbst nicht in Gefahr zu bringen, wenn es schief geht, was?"

Da hat sie natürlich den Nagel auf den Kopf getroffen.

So wie immer.

Kann ich aber nicht zugeben. Also befreie auch ich meinen Klapp-Göffel aus seiner Verpackung, und wir beginnen gemeinsam, unseren Nudelsalat zu futtern.

Und zwar nicht schnell, sondern langsam.

Schön langsam und vorsichtig.

Schließlich wollen wir unsere Klapp-Göffel ja nicht überlasten...

Als wir mit unserer ungewöhnlichen Mahlzeit fertig sind und meine Frau unsere beiden Klapp-Göffel mit einem Taschentuch abgewischt und in ihrer Handtasche verstaut hat – „Die Verwandtschaft glaubt sonst nie, womit wir essen mussten!" – befinden wir uns bereits im Landeanflug.

Mann, ging das heute aber schnell.

Ein Verdacht keimt in mir auf.

Ob wohl diese Mahlzeit noch einen anderen Zweck erfüllte als die reine Nahrungsaufnahme?

So, wie unser Esswerkzeug gleichzeitig Gabel und Löffel war?

Nein, kann nicht sein.

Vielleicht doch?

Vielleicht gehören unsere Klapp-Göffel ja zu einer neuen Strategie der Fluggesellschaft? Einer, die eigentlich nichts mit Verpflegung zu tun hat? Einer neuen Strategie im Segment „Unterhaltung"?

Selbst ist der Mann

Wir – meine Frau und ich – stehen am Flughafen in der Schlange vor einem Auskunftsschalter. Es ist früher Morgen, für uns im Urlaub eine eher unangenehme Tageszeit. Meine Frau guckt reichlich angesäuert, und auch ich kann mich nicht so richtig freuen. Der Grund dafür liegt darin, dass wir eigentlich heute Nachmittag nach Hause fliegen wollten.

Eigentlich.

Blöderweise streikt aber das Personal unserer Fluggesellschaft, und so wurden wir um vier Uhr in der Frühe mit der Nachricht geweckt, dass unser Flug gestrichen sei.

„Und jetzt?", hatte meine Frau schlaftrunken gefragt.

„Nun, wir werden möglichst früh am Flughafen sein, um vielleicht auf eine andere Gesellschaft umgebucht zu werden", war meine Antwort. Schließlich streiken ja nicht alle.

„Und ansonsten wird uns die Fluggesellschaft wohl in einem Hotel unterbringen und verpflegen müssen. Gehört in solchen Fällen zu den gesetzlich geregelten Betreuungspflichten."

So – der Letzte in der Schlange vor uns hat seine Angelegenheiten geregelt, wir sind an der Reihe. Ich trete an den Tresen, hinter dem eine Bodenhostess unserer Fluggesellschaft die Stellung hält. Sie wirkt ziemlich erbost und ungehalten. Vermutlich hätte sie wohl auch gerne gestreikt, zumindest für einige Stunden, bis die Uhr eine christlichere Zeit anzeigt.

Ich trage ihr mein Anliegen vor – und werde so schnell abgefertigt, dass es mir die Sprache verschlägt.

„Der nächste Flug geht morgen Vormittag", erhalte die unwirsche Auskunft. „Soll ich Sie dort einbuchen?"

„Kann man uns denn nicht auf eine andere Fluggesellschaft umbuchen?", erkundige ich mich und ernte ein Kopfschütteln. Binnen kürzester Zeit werde ich aufgeklärt, dass es keine Umbuchung auf eine andere Gesellschaft gibt.

Auch kein Hotel.

Keine Verpflegung.

Keine Telefonkosten.
Nichts.
Einfach nichts.

Alles entsprechend den Anweisungen der Gesellschaft. Beschwerden seien dorthin zu richten, erfahre ich barschem Ton.

„Und was sollen wir jetzt machen?", wage ich schließlich leise einzuwerfen.

Die Hostess zuckt die Achseln: „Nicht mein Problem. Suchen Sie sich halt ein billiges Hotel. Wollense nu den Flug für morgen oder nicht?"

Notgedrungen nicke ich und erhalte ruck-zuck für mich und meine Frau neue Bordkarten. Ich werfe einen kurzen Blick auf die Uhr hinter dem Schalter: Man hat uns in gerade mal neunzig Sekunden abgefertigt.

So viel zur von mir beschworenen, gesetzlich geregelten Betreuungspflicht···

„Jetzt müssen wir uns auch noch selbst nach einem Hotel umsehen! Na, Prost Mahlzeit!", meint meine Frau erbittert und wirft einen nachdenklichen Blick auf unsere Koffer. „Geben wir das Gepäck hier in die Aufbewahrung, oder nehmen wir es gleich mit in die Stadt?"

„Weder noch", antworte ich energisch, greife nach meinem großen Trolley und setze mich in Bewegung. In die Richtung des hiesigen Flughafenhotels. Ein Ableger übrigens einer internationalen Hotelkette. Einer Kette, die ihre Häuser ausschließlich im Luxusbereich betreibt.

„Wenn man sich nicht um uns kümmert und wir das selbst tun müssen", sage ich dabei zu meiner Frau. „dann machen wir das aber auch richtig. Und die Rechnung", ich zwinkere ihr zu, „die Rechnung kriegt die Fluggesellschaft."

„Meinst du, die zahlen eine Luxusunterkunft?", fragt meine Frau skeptisch. „Sollten wir nicht was Bescheideneres suchen?"

Ich werfe ihr einen grimmigen Blick zu: „Und ob die zahlen werden. Bleibt ihnen ja nichts anderes übrig. Und im Übrigen“, ich zwinkere ihr zu“, ein bisschen Strafe muss doch sein!“

Notlandung

Wir fliegen nach Malta. Meine Frau und ich haben beschlossen, dem grauen Alltag im grauen Deutschland zu entfliehen und eine Woche auf der kleinen Mittelmeerinsel zu verbringen.

In schönem Wetter, inmitten der vielen Sehenswürdigkeiten.

Jetzt sitzen wir im Flugzeug und fühlen uns··· ja, wie fühlen wir uns eigentlich?

Unwohl wäre das falsche Wort, denn uns fehlt nichts.

Richtig wohl fühlen wir uns aber auch nicht.

Unserem Flugzeug geht es nämlich im Augenblick nicht so gut.

Als wir am späten Nachmittag in München auf dem Vorfeld des Flughafens den kleinen Spaziergang vom Bus zu unserer Maschine absolvieren, erwartet uns dort, auf einer Außenposition, eine ganz gewöhnliche Boeing 737.

Manchmal auch „Bobby" genannt.

Eines der Kurzstrecken-Arbeitspferde vieler Fluggesellschaften.

Das meistverkaufte Flugzeug der Welt.

Bekannt für seine Zuverlässigkeit.

Bei unserem Exemplar handelt es sich um eines der kleineren Modelle der Baureihe, und es sieht auch etwas mitgenommen aus, es ist sichtlich nicht erst gestern aus der Montagehalle gerollt.

Ein Veteran, um es positiv auszudrücken.

Eine Maschine, wie sie tausendfach überall auf dem Erdball unterwegs sind, wie sie irgendwo auf der Welt alle paar Sekunden startet oder landet.

Wir nehmen unsere Plätze im hinteren Teil des Flugzeugs ein, auf der linken Seite, direkt hinter der Tragfläche. Meine Frau hat einen Fensterplatz, ich sitze in der Mitte, was aber nichts macht, weil der Gangplatz neben mir frei bleibt. Der Start verläuft erwartungsgemäß problemlos, und wir stellen uns auf einen ruhigen, zweistündigen Flug ein. Planmäßig wird mit der früh einbrechenden Dunkelheit ein Abendessen serviert.

Ein richtiges Abendessen übrigens.

Die Fluggesellschaft ist nämlich auf ihren Service stolz und gibt sich mehr Mühe mit der Verpflegung als so mancher Konkurrent, der jetzt nur ein vertrocknetes Käsebrötchen angeboten hätte.

Dann aber läuft es auf einmal gar nicht planmäßig.

Meine Frau wirft während des Essens einen kurzen Blick nach draußen und bemerkt, beiläufig, im Plauderton, so, als spräche sie über ihr Dessert: „Du, da draußen brennt was."

Dann widmet sie sich wieder dem Abendessen.

„Unfug!", erwidere ich, im Brustton der Überzeugung und mit der Autorität der männlichen Überlegenheit bei technischen Fragen. „Was soll denn brennen? Du siehst nur die Positionsleuchte an der Tragflächenspitze!"

Meine Frau sieht wieder nach draußen, diesmal etwas länger.

„Doch!", sagt sie bestimmt. „Schau doch selbst. Da draußen brennt es!"

Ich seufze, verdrehe die Augen zur Kabinendecke.

„Frauen und Technik!", soll dieser Blick sagen. Dann lehne ich mich zu meiner Frau, zum Fenster, und spähe hinaus. Wenn ich nicht nachsehe, wird sie keine Ruhe geben, das weiß ich, also bringen wir ´ s hinter uns. Draußen sind für mich zunächst nur Dunkelheit und das Blinklicht an der Flügelspitze erkennbar. Und dann sehe ich es auch: Da schlagen tatsächlich Flammen aus dem Triebwerk. Nicht gerade eine meterhohe Flammenwand, nein, das nicht, aber es lodert munter und unübersehbar. Und soweit man das in der trüben Beleuchtung erkennen kann, quillt auch Qualm aus der Turbine. Ich lehne mich wieder in meinen Sitz zurück und sehe meine Frau an.

„Du hast recht", muss ich einräumen. Eigentlich keine Überraschung, oder? „Das Triebwerk brennt."

Meine Frau guckt mich skeptisch an.

„Und was passiert jetzt?", fragt sie.

Ach – sie erkennt doch meine Überlegenheit in technischen Fragen an! Das verpflichtet, und ich denke kurz nach. Wir sind jetzt eine gute Stunde in der Luft, also auf halbem Weg nach Malta, irgendwo über dem Tyrrhenischen Meer.

„Wir werden sicher auf dem nächsten Flughafen landen", erkläre ich schließlich. „Das dürfte wohl entweder Palermo sein, im Süden. Oder wir drehen nach Südosten ab, nach Neapel. Oder nach Osten, dort liegt Rom. Ja, ich tippe auf Rom. Nach Malta werden wir heute jedenfalls nicht mehr kommen."

„Meinst du?", fragt meine Frau mit Zweifel in der Stimme.

Ich zucke die Schultern: „Mit einem brennenden Triebwerk?"

Eines allerdings wundert mich doch: Aus dem Cockpit kam noch keine Information, keine Durchsage, kein Wort.

Als ob mein Gedanke im Cockpit angekommen ist, erfolgt eine prompte Reaktion. Keine Durchsage, das wäre wohl Luxus. Die Piloten haben jetzt auch etwas anderes zu tun, nehme ich zumindest an. Mit einem leisen „Kling!" leuchtet das Fasten-Seatbelt-Zeichen auf, und gleichzeitig beginnen die beiden Stewardessen, das halb aufgegessene Abendessen abzuräumen. Sie sehen etwas blass aus, aber sie arbeiten konzentriert und diszipliniert, wenngleich nicht besonders materialschonend. Sie machen sich nicht mehr die Mühe, die kleinen Roll-Container zu benutzen, in denen die Verpflegung an Bord gebracht wurde. Jede nimmt einfach fünf oder sechs Tabletts, stapelt sie achtlos aufeinander und wirft alles ohne große Umstände in eine der Toiletten, solange, bis alles verstaut ist. Zum Schluss knallt eine der beiden die Tür der jetzt ziemlich vollgestopften Toilette zu, und beide gurten sich auf ihren Jumpseats beim Notausgang an. Dort bleiben sie auch für den Rest der Reise sitzen, zum Befremden der meisten unserer Mitreisenden, die anders als wir keinen Logenplatz haben und nicht wissen, was los ist.

So, da sitzen wir also nun.

Auf dem Weg nach Malta.

In einem Flugzeug mit einem brennenden Triebwerk.

Die Situation ist natürlich noch nicht wirklich gefährlich. Die Boeing kann auch mit nur einem Treibwerk fliegen, das kann man überall lesen. Aber zu denen zu gehören, die das auch praktisch ausprobieren, ist mir eigentlich nicht so recht.

Überhaupt nicht, schließlich habe ich für zwei Turbinen bezahlt.

Wie um meine Bedenken zu unterstreichen, heult jetzt das rechte, unbeschädigte Triebwerk auf. Klar – es muss die fehlende Leistung des linken Antriebs ausgleichen. Der Flug wird jetzt auch etwas unruhig, unsere Maschine bockt etwas, und dann geht sie recht steil in den Steigflug. Das dauert zwei oder drei Minuten, dann wird hörbar die Triebwerksleistung gedrosselt, und durchs Fenster kann ich sehen, dass Flammen dort draußen kleiner werden und schließlich fast verlöschen. Gleichzeitig senkt unsere 737 die Nase. Ein sanfter Gleitflug, kein Zweifel. Auch er dauert einige Minuten, bis die Triebwerke wieder hochgefahren werden, das Gerüttel wieder einsetzt und unsere Maschine wieder steigt.

Das alles gefällt mir nicht. Ich mochte noch nie Achterbahn fahren, noch nicht mal auf festem Boden. Und jetzt muss ich Achterbahn fliegen. Meine Zuversicht, bald zu landen, sinkt mit jedem dieser Zyklen, und als wir nach einer Stunde unbehaglichen Schweigens, zu der Zeit, als wir eigentlich auf Malta landen sollten, immer noch in der Luft sind, wird mir klar, dass wir heute wohl doch noch ans Ziel gelangen werden.

So oder so.

Die Fluggesellschaft scheut offenbar die Kosten, die mit einer außerplanmäßigen Landung verbunden wären, und der Pilot wird uns nach Malta durchschaukeln.

Rücksichtslos und ohne sich um unsere Sicherheit zu kümmern.

Dieser elende Drecksack.

Unter uns taucht eine größere Landmasse auf, wir können aus dem Fenster die Lichter einiger größerer Städte erkennen.

Sizilien, vermutlich.

Immer noch kein Anzeichen für die bevorstehende Landung.

Wir fliegen weiter.

Schließlich, irgendwann, lange, nachdem Sizilien hinter uns in der Dunkelheit verschwunden ist, setzen wir zur Landung an.

Endlich.

Es wird auch Zeit.

Das Gerüttel und das Auf und Ab hören endlich auf, und den Rest der Strecke legen wir beinahe so ereignislos zurück wie auf jedem normalen Flug, nur das wir jetzt statt der geplanten zwei schon fast drei Stunden in der Luft sind.

Wir verlieren weiter an Höhe. Mit Gerumpel fährt das Fahrwerk aus. Neben uns rasen blaue Lampen vorbei: Die Landebahnbefeuerung. In der Ferne kann man hellerleuchtete Gebäude sehen: Wir haben den Flughafen erreicht. Ein harter Schlag, wir setzen auf, der Pilot gibt Gegenschub. So richtig ordentlich, und ich muss mich an der Sitzlehne vor mir abstützen.

Trotzdem klatschen wir alle Beifall.

Den hat sich der Pilot, elender Drecksack oder nicht, auch redlich verdient.

Die blauen Lampen neben uns verdoppeln sich plötzlich, verdreifachen sich, und sie beginnen, wild zu blinken. Eine ganze Armada von Rettungsfahrzeugen biegt auf den Seitenstreifen neben der Landebahn ein, rast neben unserer 737 her. Ich kann Feuerwehrautos sehen, Krankenwagen, Fahrzeuge, die ich nicht eindeutig zuordnen kann, die aber sicher zum Krisenmanagement des Flughafens gehören. Wir können die Sirenen nicht hören, aber der Lärm draußen muss höllisch sein. Erst jetzt wird den meisten unserer Mitreisenden die Situation richtig bewusst, aber die Unruhe hält sich in Grenzen, schließlich sind wir ja schon am Boden. Ich befürchte, dass wir über die Notrutschen aussteigen müssen, und überlege, vorsichtshalber schon mal meine Schuhe auszuziehen.

Ach nein, warten wir lieber noch ein bisschen.

Unser Flugzeug kommt zum Stehen, ein Feuerwehrwagen prescht heran und zwei oder drei Feuerwehrleute steigen aus, jeder mit einem Handfeuerlöscher bewaffnet, der erbärmlich klein aussieht.

Richtig mickrig.

Sie besprühen das schwelende Triebwerk mit Löschschaum, und überraschenderweise erfüllen die mickrigen Handfeuerlöscher tatsächlich ihren Zweck: Binnen Sekunden ist das Feuer aus.

So schnell geht das, wenn man nur richtig an den Brandherd herankommt.

Die Feuerwehrleute steigen wieder in ihr Fahrzeug und fahren davon, die restlichen Rettungsfahrzeuge stehen um unser Flugzeug herum. Die Rettungsmannschaften treten neben ihren Fahrzeugen von einem Fuß auf den anderen, bei einigen leuchtet der helle Punkt einer Zigarette auf.

Sie warten.

Offenbar darauf, endlich jemanden retten zu können.

Wir sitzen hier oben und warten auch. Vermutlich darauf, endlich gerettet zu werden.

Eine blöde Situation.

Eigentlich fände ich es jetzt an der Zeit, auszusteigen, und auch bei einigen der Mitreisenden setzt leise Nervosität ein, aber keiner macht dazu irgendwelche Anstalten, aufzustehen.

Ich schaue nach vorne zu den Stewardessen, aber die sitzen weiterhin wie angeschweißt auf ihren Plätzen und bewegen sich nicht.

Ich überlege, was ich tun könnte, um die Sache zu beschleunigen. Soll ich mir die Kleider anzünden und mich schreiend aus dem Notausgang werfen? Ich spiele kurz mit dem Gedanken, nehme aber dann doch lieber Abstand davon.

Dann, nach einigen Minuten des Wartens, kommt draußen Bewegung auf. Die Rettungsfahrzeuge stellen ihre Blaulichter ab, die Retter steigen wieder ein.

Irgendwie wirken sie beleidigt.

„Da stehen wir mitten in der Nacht auf“, scheint ihre Körpersprache zu sagen, „und dann alles umsonst!“

Ich bedauere jetzt, der Eingebung mit dem Anzünden nicht gefolgt zu sein. Dann hätte ihr Einsatz wenigstens Sinn gehabt...

Die Fahrzeuge verschwinden in der Ferne, unsere Boeing steht auf der Landebahn. Nichts rührt sich. Beinahe kann man den Wind draußen verloren heulen hören, und würde jetzt eine Windhexe vorbei rollen, würde mich das nicht überraschen.

Doch dann: Zwei Fahrzeuge nähern sich uns.

Es passiert was.

Man hat uns nicht vergessen.

Das beruhigt.

Die Fahrzeuge stellen sich als ein Werkstattwagen der Fluggesellschaft heraus, der von einer motorisierten Hebebühne begleitet wird. Das kommt mir etwas komisch vor, denn irgendwie möchte ich nicht über eine Hebebühne wie ein Frachtstück ausgeladen werden. Aber ich sorge mich umsonst, die Hebebühne ist nämlich für die beiden Mechaniker vorgesehen, die sich um das ausgebrannte Triebwerk kümmern. Sie platzieren die Hebebühne unter der Tragfläche, fahren hinauf und schrauben einen Teil der oberen Triebwerksverkleidung ab. Ein wirklich interessanter Vorgang, finde ich, denn solche Arbeiten durfte ich noch nie aus nächster Nähe beobachten.

Einer der Mechaniker steckt seinen Kopf in das jetzt offene Triebwerk, zieht ihn aber schnell wieder heraus, mit angewiderter Miene. Irgendwie gefällt ihm das, was er dort drinnen gesehen hat, nicht besonders. Er schaut auf, unsere Blicke kreuzen sich, und ihm fällt vor Überraschung der Unterkiefer herunter. Seine Augen wandern an der Reihe der Fenster entlang, hinter denen wir und unsere Mitreisenden die Arbeiten überwachen.

„Ja, ja, guter Mann", denke ich, „da sitzen tatsächlich noch welche drinnen!"

Der Mechaniker holt ein Funkgerät aus einer Tasche, und offenbar bestellt er das, was wir brauchen: Nur eine Minute später braust eine fahrbare Fluggasttreppe mit Höchstgeschwindigkeit auf uns zu.

Wir dürfen aussteigen. Ganz regulär, ohne Notrutschen, ohne brennende Kleidung.

Welcome to Malta.

Als wir uns eine Woche später auf die Heimreise machen, spekulieren meine Frau und ich, mit welcher Maschine wir wohl fliegen werden.

Ob unsere 737 wohl schon repariert ist?

Als wir den Flughafen erreichen, sehen wir sofort: Nein, ist sie nicht. Sie steht am Rand des Rollfelds, ein Teil der linken Tragfläche ist mit Planen abgedeckt, unter denen ein halbzerlegtes Triebwerk hervor lugt. Der Schaden war wohl schlimmer als gedacht.

Nun, ich bin gespannt, was wir als Ersatz bekommen.

Wir treten etwas später aus dem Abfertigungsgebäude auf das Vorfeld, wo unser Ersatzflugzeug steht, und ich verhalte mitten im Schritt. Ich habe mit viel gerechnet, aber die Maschine, die dort auf uns wartet, verschlägt mir doch erst einmal die Sprache. Auch meine Frau beäugt sie kritisch.

„Sieht etwas altmodisch aus", bemerkt sie lakonisch.

Altmodisch ist wohl die Untertreibung des Jahres.

Ich hielt schon unsere 737 für einen Veteranen?

Weit gefehlt.

Dort drüben steht ein echter.

Vor uns wartet wieder eine Boeing, soweit nichts Ungewöhnliches.

Aber das Modell.

Keine 737.

Auch keine andere, gängige Baureihe.

Diesmal handelt es sich um eine 707.

Der erste zivile Jet, der auch wirtschaftlich erfolgreich war.

Aber: Ein Veteran? Nicht nur. Irgendwie zu kurz gegriffen. Das ist mehr als ein Veteran. Das ist ein Klassiker.

Ein Klassiker, der, wenn ich nicht irre, seit dem Ender der 1970er Jahre nicht mehr gebaut wird. Und dieses spezielle Exemplar vor uns macht irgendwie nicht den Eindruck, als gehöre es zum letzten Baujahr.

Es wirkt älter.

Ich überschlage kurz, wie alt die Maschine sein muss, und als ich entdecke, dass sich meine Kalkulation gefährlich meinem eigenen Lebensalter nähert, breche ich sie schnell ab.

Der Mensch muss schließlich nicht alles wissen.

An Bord herrscht der originale Charme der späten 1960er Jahre, mit Vorhängen an den Fenstern und Deckchen auf den Kopfpolstern der Sessel.

Sessel, nicht Sitze.

Von diesen Sesseln gibt es nur vier Stück in einer Reihe anstelle der sonst üblichen sechs. Auch die Beinfreiheit ist phänomenal, ich kann tatsächlich die Beine übereinander schlagen, ohne an der Lehne des Vordersitzes anzustoßen.

Dieses Flugzeug ist gebaut worden, als das Fliegen noch teuer und nur wenigen Wohlhabenden vorbehalten war, das merkt man. Die 707 muss damals wohl für KLM geflogen sein, zumindest findet man an etlichen Stellen noch das Emblem dieser Gesellschaft, und die meisten Aufschriften sind in Niederländisch.

Als wir zur Startbahn rollen, wird mir klar, dass wir nicht nur zu einer gewöhnlichen Flugreise starten. Nein, wir unternehmen auch eine Art Zeitreise. Andere Leute würden wohl viel Geld für ein solches Erlebnis bezahlen.

Etwas Unbehagen überfällt mich nur bei einer Frage: Aus welchem Luftfahrtmuseum wurde dieses Prachtstück wohl entwendet?

Drohung

Meine Frau und ich sind eben hier in London aus dem Flugzeug gestiegen, stehen jetzt mit unseren Pässen in den Händen im Ankunftsbereich des Flughafens Heathrow und frönen dem Nationalsport der Briten: dem Schlange stehen.

Da Großbritannien zwar zur Europäischen Union gehört, aber nicht dem Schengen-Abkommen beitrat, finden nämlich hier tatsächlich noch Passkontrollen bei der Einreise statt. Irgendwie in Europa ein ziemlich ungewöhnliches Gefühl, muss ich offen zugeben. Ist man einfach nicht mehr gewohnt…

Leider haben die Briten hier und heute aber zu wenige Kontrollschalter geöffnet, und so staut sich die Flut der Ankömmlinge aus aller Herren Länder, die alle wie wir gerne ins Vereinigte Königreich einreisen wollen, zu einer schier endlosen Menschenkette.

Das wird dauern, fürchte ich.

„Das wird jetzt dauern", seufzt meine Frau, die damit wieder einmal ihr geradezu verblüffendes Talent offenbart, zumindest gelegentlich Gedanken lesen zu können, und tritt ungeduldig von einem Fuß auf den anderen.

Ich zucke die Schultern.

„Macht doch nichts", entgegne ich, „wir haben doch heute keine Termine…"

Unvermittelt werde ich von einer Grenzbeamtin unterbrochen, die sich am Rande der langen Warteschlange aufbaut.

„Ladies und Gentlemen!", ruft sie laut, und die leisen Gespräche der Wartenden verstummen. „Hat jemand von Ihnen elektronische Reisepässe? Elektronische Reisepässe? Jemand hier mit elektronischen Reisepässen?"

Die Wartenden um uns herum schauen sich fragend an, und nach kurzem Nachdenken hebe ich zögernd die Hand. Ja, solche Pässe haben wir. Da wir vor kurzem neue Reisepässe beantragen mussten, verfügen unsere über einen elektronischen Chip, auf dem unsere biometrischen Daten und unsere Fotos gespeichert sind. Dürfte wohl das sein, was die Beamtin meint, oder?

Die Beamtin wirft einen kurzen Blick auf unsere Pässe, besonders auf das Symbol, das den bereits erwähnten Chip dokumentiert, nickt freundlich und winkt uns aus der Schlange heraus.

„Sie dürften dort drüben einreisen!", erklärt sie uns und führt uns an der Warteschlange vorbei zu einer Kontrollstelle am Rande des Einreisebereichs. Mitleidige Blicke von den Wartenden streifen uns. Blicke, die klar ihr Bedauern darüber ausdrücken, dass wir Ärmsten offenbar das Vergnügen des Schlange Stehens nicht auskosten dürfen.

Die Kontrollstelle, die wir anstreben, ist mir übrigens vorhin schon aufgefallen, erschien mir da aber auf den ersten Blick unbesetzt. Womit ich übrigens auch nicht ganz falsch lag. Jedenfalls sitzt dort kein Mensch. Es handelt sich, so entdecke ich, um eine automatische Passkontrolle. Ganz was Neues…

Meine Frau macht den ersten Schritt. Sie tritt an die geschlossene Pforte der Passkontrolle, legt ihren Reisepass auf ein dafür gekennzeichnetes Feld und blickt mit ernster Miene in eine Kamera, die über der Pforte angebracht ist. Der Computer, der diese Kontrolle durchführt, liest blitzschnell die biometrischen Daten aus ihrem Pass, wirft durch die Kamera einen kurzen Blick auf ihr Gesicht und vergleicht das Bild mit den Daten. Einen ganz kurzen Blick; keine halbe Sekunde später leuchtet ein grünes Licht auf, und die Pforte öffnet sich automatisch. Der Computer gestattet meiner Frau die Einreise.

So, nun bin ich dran.

Ganz wie meine Frau baue ich mich vor der Kamera auf, lege meinen Pass auf das Lesefeld – und ernte ein lautes Pfeifen. Eine Leuchtschrift informiert mich, dass ich den Pass anders herum auflegen müsse.

Ups.

Sorry.

Hastig behebe ich den Fehler und hebe mein Gesicht in Richtung Kamera.

Bei mir lässt sich der Computer mehr Zeit als bei meiner Frau.

Wesentlich mehr. Angesichts der Rechengeschwindigkeit von Computern schiere Ewigkeiten. Die Maschine summt und summt, die Kamera zoomt ein und wieder aus, ohne mir die Einreise freizugeben. Ganz offenbar traut die Maschine mir nicht so recht.

Liegt das vielleicht an meinem Gesichtsausdruck?

Steinern versuche ich, den gleichen, neutralen Gesichtsausdruck hinzubekommen, so wie auf meinem neuen Passbild. Fällt mir, zugegeben, nicht ganz leicht, nicht zuletzt, weil meine Frau, die auf der britischen Seite auf mich wartet, jetzt schon ganz breit grinst. Klar, sie weiß ja, dass Pass- und Sicherheitskontrollen nicht so ganz meine Sache sind.

Blitzlichter flackern plötzlich auf: Der Einreisecomputer hat offenbar entschieden, dass er mein Gesicht besser beleuchten müsse. Die Wartenden vor der menschlichen Passkontrolle starren zu mir herüber, meine Frau beginnt zu lachen.

Mein Gott, wie peinlich…

Der Computer summt weiter. Ob ich wohl etwas tun kann, um ihm die Entscheidung zu erleichtern? Ob es wohl an meiner Brille liegt, dass die automatische Gesichtserkennung ausgerechnet mein Gesicht nicht erkennt?

Probehalber nehme ich die Brille ab, ernte aber ein weiteres, lautes Pfeifen. Ja, klar, auf dem Foto trage ich sie ja auch.

Das Summen des Computers klingt jetzt eindeutig vorwurfsvoll ungehalten.

„Jetzt muss ich noch mal von vorne anfangen!", soll das wohl heißen, und richtig, wieder werde ich mit einem Blitzlichtgewitter überschüttet, sehr zum Amüsement meiner Frau, die die ganze Angelegenheit ungeheuer komisch findet.

So, jetzt reicht ´s mir. Ich werde mich wieder in die Schlange einreihen, ganz hinten natürlich. Vielleicht kann ich einen menschlichen Beamten leichter davon überzeugen, tatsächlich der zu sein, der ich laut meinem Pass bin.

Gerade, als ich mich abwenden will, verstummt das Summen. Das grüne Licht flammt auf – und die Pforten nach Großbritannien öffnen sich auch für mich. So würdevoll wie unter diesen Umständen möglich nehme ich meinen Pass an mich und schreite über die gelbe Linie am Boden, hinein nach England.

„Ich hätte jetzt keinen Cent mehr darauf gewettet, dass du auch einreisen darfst!", kichert meine Frau, als wir uns auf den Weg zur Gepäckrückgabe machen.

„Doch, der Computer hatte keine andere Wahl!", entgegne ich.

„Keine Wahl?", fragt meine Frau neugierig. „Und wieso?"

„Weil ich ihm gerade androhte, zurück zur normalen Passkontrolle zu gehen", kläre ich sie auf. „Und dann wäre er nämlich über kurz oder lang arbeitslos geworden…"

Baggage Claim

Ich stehe todmüde und mit schmerzendem Rücken am Flughafen von Miami inmitten einer riesigen Menschenmenge. Wir – meine Frau und ich – sind vor einer guten halben Stunde hier gelandet und waren mehr als nur heilfroh, der engen Aluminiumröhre unseres Flugzeugs endlich entkommen zu können.

Ich gestehe es nämlich ein: Ich hasse Langstreckenflüge. Vor allem in der Touristenklasse.

Ich hasse einfach alles an ihnen.

Die Enge der Sitze, die sich stets um die Hüften zu schließen scheinen wie die Backen einer Zange.

Die inexistente Beinfreiheit, durch die sich meine Knie immer schmerzhaft in die Rückenlehne des Vordersitzes bohren.

Die beklemmende Nähe anderer Passagiere, die sich offenbar stets, aus welchem unerfindlichen Grund auch immer, verpflichtet fühlen, solche Reisen nur mit üblen Schweißfüßen und entsetzlichem Mundgeruch anzutreten und nichts dabei finden, auch noch die Schuhe auszuziehen und mir ihren Atem ins Gesicht zu pusten.

Und das alles endlose, endlose elf Stunden lang…

Aber jetzt, jetzt ist es glücklicherweise vorbei.

Wir haben bereits die US-Einreisekontrolle überwunden, und draußen, vor dem Flughafen, da wartet schon eine Limousine mit Fahrer auf uns, die uns in unser Hotel bringen wird, wo wir uns richtig ausstrecken und ausruhen können.

Und morgen…

Morgen, da geht's aufs Schiff und dann endlich ab in die Karibik. Dafür nimmt man doch gerne mal die eine oder andere Strapaze in Kauf.

Allerdings steht uns noch eine weitere Hürde bevor: Erst einmal müssen wir unser Gepäck abholen. Zwei große Koffer, die wir in Deutschland unserer Fluggesellschaft anvertrauten. Zwei Koffer, die ich jetzt gleich heil und intakt zurück zu erhalten hoffe. Trotz unserer Umsteigeverbindung, die ja, wie jeder Flugreisende weiß, stets besonders geeignet ist, Gepäck ins Nirwana verschwinden zu lassen. Ich hoffe wirklich inständig, dass unsere beiden edlen Stücke tatsächlich hier mit uns in MIA in Florida landeten und nicht versehentlich nach, na sagen wir mal, nach MIO in Oklahoma geschickt wurden…

An der Gepäckausgabe, auf Englisch „Baggage Claim", machen sich zu allem Überfluss auch noch zwei Eigenschaften des Flughafens von Miami bemerkbar: Er ist sehr stark frequentiert, und er ist alt und eigentlich zu klein. Das Gepäckrückgabeband, auf dem gleich unsere Koffer erscheinen sollen, wird gleichzeitig noch für das Gepäck von gleich drei anderen Langstreckenflügen genutzt, und so stehe ich eingekeilt in eine riesige Menge aus Amerikanern, Chilenen, Asiaten und einigen anderen Deutschen, die alle so wie ich gebannt auf das kreisende und mit Gepäckstücken schwer beladene Förderband starren. Wobei ich dank meiner mehr als 1,80 Meter noch Glück habe, überhaupt einen Blick auf das Förderband erhaschen zu können – einige kleinere und schwächere Fluggäste stehen so weit hinten, dass sie es nur wohl mehr erahnen als tatsächlich sehen.

Aufmerksam beobachte ich die Haufen aus Koffern und Taschen, die vor mir vorbeiziehen.

„Da! Dort drüben!", ruft auf einmal meine Frau aus dem Hintergrund.

Ich sehe mich fragend nach ihr um.

„Dort drüben!", ruft sie nochmals und deutet aufgeregt auf einen Koffer, der eben um eine Biegung des Gepäckbandes verschwindet. Angestrengt starre ich ihm hinterher. Sollte ich da einen unserer Koffer übersehen?

Ja! Tatsächlich!

Ich quetsche und dränge mich durch die Menschenmenge und ziehe den Koffer vom Band, kurz bevor er wieder im Abfertigungsbereich verschwindet. Ich ziehe aber eine Niete. Der Koffer sieht unseren Gepäckstücken tatsächlich ähnlich, zugegeben. Zumindest aus der Ferne, vom Standort meiner Frau aus, mit anderen Worten.

Gehört aber trotzdem nicht uns. Seufzend wuchte ich das schwere Teil wieder zurück aufs Förderband.

„Warum schickst du ihn weiter?“, fragt meine Frau, die sich ebenfalls zu mir durchgekämpft hat, vorwurfsvoll und runzelt unwillig die Stirn.

„War nicht unserer“, antworte ich lapidar.

„Wieso? Er sah doch genauso aus!“

„Er hatte vier Räder. Unsere Koffer haben jeweils nur zwei.“

Das leuchtet auch meiner Frau ein, und ihre Miene glättet sich.

Zu zweit beobachten wir geduldig das Gepäckband, auf dem immer neue und immer wieder andere Koffer und Taschen an uns vorbeiziehen.

Manchmal wirklich überraschende Sachen.

Ein paar simple, billige Plastik-Einkaufstüten aus dem Supermarkt sind darunter, mit einem einfachen Bindfaden zugebunden. Ja, wer verwendet denn sowas als Fluggepäck? Würde mir im Traum nicht einfallen...

Wir sehen einen Geigenkasten und fragen uns, welcher Musiker ein kostbares Instrument den groben Händen der Gepäckabfertigung anvertraut.

Und auch ein Tiertransporter, der ohne die Spur eines Tiers darin an uns vorbei fährt, liefert natürlich Stoff für Spekulationen. Schon wirklich komisch, was manche Leute so alles mit auf Flugreisen nehmen.

Im Laufe der nächsten halben Stunde ziehen immer neue und immer andere Leute ihr Gepäck vom Band und begeben sich zum Ausgang. Der Gepäckstrom versiegt langsam. Von den vier Flügen, die hier abgefertigt werden, sind drei mittlerweile auf der Anzeige als erledigt gekennzeichnet.

Wir aber müssen bleiben, und langsam verdichten sich meine vagen Befürchtungen zur konkreten Gewissheit: Unser Gepäck ist verloren gegangen.

Irgendwo auf dem Umsteigeflughafen.

Und jetzt befindet es sich irgendwo auf der Welt, allein unterwegs, wahrscheinlich auf dem Weg nach Oklahoma, aber eben nicht hier, wo es eigentlich hin sollte.

Auch meine Frau wälzt offenbar ähnliche Gedanken: „Was machen wir eigentlich, wenn wir unser Gepäck wirklich nicht bekommen?"

Ich zucke die Achseln.

„Zur nächsten Mall fahren und zumindest das Nötigste kaufen", meine ich kurzangebunden.

Wenigstens einen Vorteil bietet ja das Land der unbegrenzten Möglichkeiten in dieser Hinsicht: Viele Geschäfte tragen ein Schild an der Eingangstür, auf dem „Open forever!" steht. Wenigstens etwas...

Schließlich bleibt das Gepäckband stehen.

Schluss.

Das war ´ s.

Alles Gepäck ausgeliefert. Nur unseres nicht. So fängt die Kreuzfahrt ja richtig gut an! Was für ein Mist!

Moment···

Nur unseres?

Da stehen ja noch buchstäblich Dutzende von Leuten, ach was, mindestens hundert herum, die ebenfalls das leere Band betrachten, alle so wie wir mit einem Gesichtsausdruck, der zwischen ratlosbetreten und offen verzweifelt schwankt. Und, soweit ich das erkennen kann, nicht nur Deutsche von unserem Flug, sondern, so wie vorhin, Reisende aus aller Herren Länder.

Verdammt, da stimmt doch was nicht?

„Verdammt, da stimmt was nicht!", verkündet meine Frau. „Dass so viel Gepäck auf einmal verloren geht, kann doch gar nicht sein. Vielleicht ist unser Gepäck auf einem anderen Band?"

Und bevor ich antworten kann, schießt sie an mir vorbei und hinter dem Gepäckband außer Sichtweite.

Ihre Stimme kann ich aber trotzdem hören: „Da hinten! Komm! Schnell!"

Weisungsgemäß setze ich mich auf ihre Spur – und stoße hinter dem Gepäckband, in einer Nische, kaum beleuchtet, nur schwer einsehbar, gut getarnt, auf einen riesigen Berg von Koffern und Taschen. Hunderte von Gepäckstücken sind achtlos aufeinander getürmt und warten nur darauf, von ihren Besitzern abgeholt zu werden. Einige der Gepäckstücke im hinteren Teil der Nische haben bereits eine dicke Staubschicht angesetzt. Die stehen da schon seit Tagen, wenn nicht gar Wochen. Und sie bilden nur so eine Art Vorgebirge. Ein Vorgebirge für das bis zur Decke reichende Sedimentgestein an Gepäck dahinter, das eindeutig das hoffnungslose Flair ausstrahlt, das nur Koffer besitzen, die von ihren Besitzern längst aufgegeben und von der zuständigen Versicherung abgerechnet wurden. Ich blinzle im Dämmerlicht kurz: Dieser Gepäckanhänger, der dort hinten aus einer Ecke hervor lugt, trägt der tatsächlich das Logo von PAN AM!? Bevor ich allerdings nochmal genau hinsehen kann, fällt mein Blick – juhu – in der Ebene vor diesen Bergen auf die Ecke eines Koffers, der unverkennbar den von uns verwendeten Aufkleber trägt.

Na, Gott sei Dank···

„Ja, ja, wir müssen das Zeug immer schnell vom Band kriegen, damit es nicht für das nachfolgende Gepäck verstopft", informiert uns ein Flughafenarbeiter gemütlich, als er in seinen schweren Sicherheitsschuhen an uns vorbei stapft, sich an das nächste laufende Band begibt und dort beginnt, jedes ihn passierende Gepäckstück herunterzunehmen und zur Seite zu stellen.

Auch hier in eine Nische.

Ohne die auf der anderen Seite des Bandes wartenden Fluggäste auf dieses Vorgehen hinzuweisen. Aber schließlich darf man ´s den Reisenden ja nicht zu einfach machen, nicht wahr? Wäre ja wirklich langweilig.

Wir machen uns daran, unsere Koffer aus dem Gepäckgebirge auszugraben und stellen uns dann der Zollkontrolle.

„Haben Sie Lebensmittel dabei?", fragt mich der Beamte streng, während uns ein Beagle-Hund, dessen oranges Mäntelchen uns netterweise informiert, dass es sich bei diesem speziellen Hund um einen offiziellen Mitarbeiter des US-Landwirtschaftsministeriums handelt, in aller Ruhe von allen Seiten abschnüffelt.

„Obst? Fisch? Fleisch?"

Ich schüttle nachdrücklich den Kopf.

Nein, das haben wir alles nicht dabei.

Und jetzt kann ich endlich auch den Sinn des Einfuhrverbots verstehen…

Was denn, verehrter Leser, verehrte Leserin – Sie nicht?

Wirklich nicht?

Na, dann stellen Sie doch einfach mal vor, mein Lieber, stellen Sie sich vor, Sie würden Behältnisse mit verderblichen Lebensmitteln nicht ordentlich in Ihrem Kühlschrank verwahren, sondern einfach wahllos in dunklen, verborgenen Nischen Ihrer Wohnung verstecken. Wie das wohl nach ein paar Wochen riechen würde…

Nackt-Scanner

Meine Frau und ich stehen mal wieder vor der Sicherheitskontrolle am Flughafen von Los Angeles. Unsere Kreuzfahrt ist zu Ende, und wieder mal müssen wir nach Hause fliegen. Schade···

Die Sicherheitskontrolle ist, wie immer eigentlich, ausgesprochen streng. Wir müssen Gürtel, Armbanduhren, Schuhe, Hüte und das gesamte Handgepäck in ein Röntgengerät füttern, das es gierig verschluckt. Und dann – dann wartet eine Neuheit auf uns. Vor uns teilt sich die Warteschlange. Nach links geht ´ s zur üblichen, gewohnten Kontrolle: Dort warten die herkömmlichen Sicherheitsmitarbeiter mit den herkömmlichen Handdetektoren, die die Flugreisenden auf herkömmliche Art und Weise abtasten. Rechts dagegen wartet ein Bodyscanner, in der öffentlichen Debatte auch öfter als Nackt-Scanner bezeichnet. Nackt-Scanner deswegen, weil er die Kleidung durchleuchtet und auf einem Bildschirm ein Bild des Durchleuchteten anzeigt. Zumindest ein stilisiertes Bild. Meine Frau beäugt kurz die beiden Wartereihen – und wendet sich entschlossen nach rechts, in Richtung des Bodyscanners.

„Die Reihe ist kürzer", bemerkt sie dabei, „und außerdem möchte ich eigentlich nicht noch abgetatscht werden."

Ich zucke die Achseln; mir ist das eigentlich egal.

Meine Frau betritt den Bodyscanner und stellt sich in der vorgeschriebenen Haltung – Füße leicht auseinander, Hände in Schulterhöhe zu beiden Seiten ausgestreckt – in die runde Glaskabine. Der Scanner schließt die Eingangstür, äußert dazu ein leises „Wusch - wusch - wusch", lässt zufrieden eine grüne Lampe aufleuchten und gibt meiner Frau den Ausgang frei.

Ich staune. Das hat jetzt keine zwei Sekunden gedauert. Nicht schlecht, diese neue Technik! Sehr schnell. Und offenbar auch noch sehr gründlich. Eine echte Verbesserung, wie mir scheint.

So – nun ich. Ich betrete die Kabine, nehme die vorgeschriebene Haltung an. Auch bei summt der Scanner ein, zwei Sekunden··· lässt dann eine Sirene aufheulen und taucht die Glaskabine in ein intensives rotes Licht, wie man es aus U-Boot-Filmen beim Befehl „Klar Schiff zum Gefecht!" zu sehen bekommt. Gleichzeitig stürzen zwei Polizisten, in den USA umgangssprachlich auch „Cops" genannt auf mich zu und ziehen beim Laufen auch gleich noch ihre Waffen. Vorsichtshalber, offenbar. Schließlich bin ich jetzt ja ein amtliches Sicherheitsrisiko. Zwar richten sie ihre Pistolen nicht direkt auf mich, aber sie halten sie eindeutig schussbereit, mit beidhändigem Griff, Mündung nach unten, Zeigefinger auf dem Schutzbügel des Abzugs.

„BLEIBEN SIE STEHEN UND NEHMEN SIE DIE HÄNDE HOCH!", brüllt Polizist Nr. 1 mich an. Einen Augenblick lang wundere ich mich, wie mühelos er das Heulen der Sirene übertönt. Ob er über ein fest implantiertes Megaphon verfügt? Oder war er mal bei den Marines, wie die amerikanischen Marineinfanteristen heißen? Deren Ausbilder, da habe ich mal einen Bericht gesehen, müssen ja tatsächlich einen Kursus im Distanz-Brüllen belegen, damit sie jeden Rekruten auch noch auf fünfzig Meter Entfernung zusammenputzen können···

OK, OK, OK.

Stehen bleiben: Kein Problem. Tue ich bereits.

Hände hoch nehmen: Tue ich auch bereits.

Und nun?

Das wissen wohl die beiden Polizisten auch nicht so genau. Nach einigen, langen Sekunden drückt der Bediener des Bodyscanners einen Knopf, und prompt verstummt wenigstens die Sirene. Ich ergreife diese Gelegenheit, mich schnell nach der Ursache des Alarms zu erkundigen. Unsicher schauen die beiden Polizisten auf den Bediener des Scanners, der, von der Aufmerksamkeit sichtlich unangenehm berührt, auf seinen Bildschirm weist und den beiden Polizisten etwas erläutert, was ich nicht verstehen kann.

„Sie haben einen rechteckigen Block organischen Materials in ihrer linken Hosentasche", erläutert mir schließlich Polizist Nr. 2, überraschender Weise in normaler Lautstärke, schließlich.

Einen rechteckigen Block organischen Materials?

Ich brauche einen Augenblick, bis ich begreife: Die denken, ich hätte Plastiksprengstoff eingesteckt! Oh Mist, oh Mist!

Instinktiv, ohne nachzudenken, versuche ich, mit meiner linken Hand nach der Hosentasche zu greifen, um nachzuprüfen, was da solche Aufregung verursacht.

„HÄNDE OBEN LASSEN!", brüllt Polizist Nr. 1 los, und seine Pistolenmündung zuckt nach oben. Nur Sekundenbruchteile später folgt meine Hand. Ja, ja, schon gut, schon gut...

Hm··· und jetzt?

Wieder verstreichen lange, lange Sekunden, ohne dass sich jemand rührt.

„Lassen Sie mich doch langsam und vorsichtig in die Tasche greifen", schlage ich schließlich vor, mit betont ruhiger, leiser Stimme. Schließlich will ich ja keinen erschrecken. Könnte fatale Folgen haben. Vor allem für mich···

„Dann kann ich vielleicht feststellen, was dort drinnen ist?"

Die beiden Polizisten schauen sich einen Augenblick unsicher an, dann nickt Cop Nr. 2, hebt aber auch warnend seine Pistole ein paar Zentimeter höher.

„Aber wirklich nur ganz langsam und vorsichtig!", ermahnt er mich.

„UND NUR MIT DAUMEN UND ZEIGEFINGER HERAUSZIEHEN!", dröhnt Cop Nr. 1.

Ich nicke. Ich senke meine linke Hand ganz, ganz, ganz langsam, während die Pistolenmündung meiner Bewegung folgt. Nur mit Daumen und Zeigefinger ziehe ich das Objekt des Anstoßes – den beanstandeten Block organischen Materials – millimeterweise ans Tageslicht. Der Bediener des Bodyscanners huscht mit einem Tablett herbei – er hält sich dabei, wie ich nebenbei feststelle, sorgfältig in der Mitte zwischen den beiden Polizisten, so dass er nicht in die Feuerlinie gerät – auf dem ich den fraglichen Block des organischen Materials deponiere, bevor ich schnell die dazu benutzte Hand wieder gen Himmel strecke.

Der besagte Block ist ungefähr zehn Zentimeter lang, fünf Zentimeter breit und rund drei Zentimeter hoch. Er sieht ein wenig zerknautscht aus, weil ich ihn während des ganzen Urlaubs in der Hosentasche mit mir herumtrug. Seine blaue Plastikumhüllung, auf der groß und geschwungen das Wort „Tempo" prunkt, ist ebenfalls ein klein wenig verknittert. Aber das hindert Cop Nr. 1 und den Bediener des Scanners nicht daran, das Päckchen genau zu untersuchen, jedes Papiertaschentuch herauszuziehen und aufzufalten und zum Schluss die Kunststoffhülle von rechts auf links zu drehen. Alle drei sehen sich schließlich an, der Bediener drückt erneut einen Knopf. Die rote Gefechtsbeleuchtung erlischt, wieder sagt der Scanner „Wusch – wusch", und unglaublich: Die Lampe springt auf grün. Ich bin unbedenklich. Sauber.

Die Polizisten stecken ihre Pistolen weg, und als ich erleichtert aus dem Scanner stolpere, drückt mir Cop Nr. 1 den unordentlichen Haufen dessen, was einmal ein ordentlicher, rechteckiger Block organischen Materials war, in die vorsichtshalber immer noch erhobenen Hände.

„DAS GEHÖRT IHNEN!", informiert er mich, seine Stimmer versöhnlich um eine winzige Nuance gesenkt.

Ich begebe mich zu meiner mit unseren Siebensachen wartenden Frau, die mich gleichzeitig genervt und mitleidig ansieht.

„Oh mein Gott!", sagt sie vorwurfsvoll. „Du willst dich tatsächlich wegen eines Päckchens Tempo-Taschentücher fast erschießen lassen? Du bist unmöglich!"

Sie schüttelt traurig den Kopf und wirft einen letzten Blick auf die Kabine des Bodyscanners.

„Nackt-Scanner?", bemerkt sie schließlich. „Von wegen. Du hoffnungsloser Fall könntest da noch nicht mal nackt ohne Beanstandungen durchkommen…"

Customer-Service – continued

Ich verabschiede mich von meinem Klienten und schließe hinter ihm, leise aufatmend, meine Bürotür. So. Das war der letzte. Zumindest für heute Vormittag. Mittagspause. Endlich.

Ich gieße mir eine Tasse Tee ein – ups, ist der heiß – hole meine Zeitung aus der Schreibtischschublade und lehne mich gerade entspannt in meinem Bürosessel zurück, als das Telefon klingelt. Ich zucke erschrocken zusammen. Es klingelt nämlich nicht mein Geschäftstelefon. Das tut es sowieso den ganzen Tag und würde mich nicht erschrecken. Nein, es handelt sich um mein privates Handy, das da lärmt und summt. Und aus irgendeinem Grund klingelt das Handy meistens nur, wenn es schlechte Nachrichten gibt. Ich werfe einen Blick aufs Display: meine Frau.

Ach herrje.

Beklommen nehme ich den Anruf an: „Ja, ist was passiert?"

„Du, pass auf", erwidert meine Frau ohne große Umstände, geschweige denn, sich der Mühe einer Begrüßung zu unterziehen, „gleich ruft dich der Vorstandsvorsitzende an. Ich wollte dir nur Bescheid geben, damit du auch ans Telefon gehst!"

Sie klingt aufgeregt und gleichzeitig··· respektvoll? Sehr seltsam. Kenne ich bei meiner Frau eigentlich gar nicht···

„Ahhh jaaa···", antworte ich gedehnt und langsam.

Langsam, um ein wenig Zeit zum Nachdenken zu gewinnen. So, der Vorstandsvorsitzende? Ich gehe in Gedanken schnell die Liste der Vorstandsvorsitzenden durch, mit denen ich persönlich bekannt bin und die mich gelegentlich auf einen kleinen Plausch anrufen könnten. Es ist eine ziemlich kurze Liste, wie ich schnell feststelle. Erbärmlich kurz. Ich kenne nämlich keinen einzigen.

„Welcher Vorstandsvorsitzende?", erkundige ich mich daher schließlich vorsichtig.

„Na, der von Lufthansa!", informiert mich meine Frau ungeduldig. Ihr Tonfall sagt mir, ich solle mich doch nicht so dumm stellen. Welcher andere Vorstandsvorsitzende sollte schon mit mir sprechen wollen?

So, der Vorstandsvorsitzende von Lufthansa will mich anrufen? Ach, na sieh mal einer an!

Lufthansa und ich haben nämlich im Augenblick leider so ein bisschen unsere Probleme miteinander. Meine Frau und ich hatten vor kurzem einen Flug gebucht und dazu gleich Plätze mit erhöhter Beinfreiheit reserviert. Gegen Aufpreis, versteht sich. Und wurden dann von Lufthansa drei Mal umgebucht. Und landeten zum Schluss auf Plätzen, die zwar auch als XL-Plätze ausgewiesen sind, im Sitzplan aber eher wie XS-Plätze wirken. Ich hatte in den letzten fünf Wochen mehrfach ergebnislos mit dem Customer-Service von Lufthansa telefoniert und auch eine E-Mail geschrieben, die… nun sagen wir mal: nicht ganz zufriedenstellend beantwortet worden war. Das Ganze war obendrein noch vom ständigen Unken meiner Frau begleitet worden, die ja ohnehin von Anfang dagegen war, überhaupt mit Lufthansa zu fliegen. Und zum Schluss hatte ich einen Brief an den Vorstandsvorsitzenden von Lufthansa persönlich geschrieben, zugegebenermaßen ohne jegliche Hoffnung auf Antwort.

Und nun gleich ein Anruf? Vom Chef persönlich?

„OK, dann leg doch mal auf", weise ich meine Frau ganz sachlich und kalt an, ohne mir meine Überraschung anmerken zu lassen. „Wir wollen ja schließlich nicht, dass die Leitung besetzt ist, wenn er anruft."

Ich nippe an meinem Tee – immer noch zu heiß – als keine Minute später erneut mein Handy klingelt. Das Display zeigt eine Frankfurter Nummer. Ich nehme den Anruf an.

Es handelt sich, so stellt sich schnell heraus, nicht um den Vorstandsvorsitzenden von Lufthansa. Aber um einen seiner persönlichen Referenten. Ich weiß zwar nicht, wie viele er von denen hat, vermutlich ein ganzes Schock – aber immerhin.

Der Referent hat tatsächlich auch Zeit. Wir führen ein sehr interessantes und aufschlussreiches Telefonat. Der Referent des Vorstandsvorsitzenden ist nämlich der erste, der mir tatsächlich erklären kann, was in unserem Fall vorgegangen ist und was warum passierte. Alles, was er mir erzählt, gefällt mir zwar nicht. Ich finde es immer noch gelegentlich ziemlich kundenunfreundlich. Und was die Rechtslage hinsichtlich der AGBs angeht, kommen wir erwartungsgemäß auch nicht zu einem Konsens. Aber ich kann die Vorgänge zum Schluss wenigstens verstehen und nachvollziehen. Ist alles irgendwo auch einfach blöd gelaufen, so wie ´ s aussieht. Und dass so was der Lufthansa ebenfalls nicht so recht gefällt, ist mir jetzt auch durchaus klar.

In der Frage der XL- oder XS-Plätze erhalte ich nicht nur sein großes Indianerehrenwort, dass es sich wirklich um XL-Plätze handelt, sondern sogar die genauen Maße und Abstände.

Ich staune. Das hat mir bis jetzt noch keiner sagen können.

„Ja, wir haben einen Mitarbeiter der Technik nachmessen lassen", erklärt mir der Beauftragte ganz nebenbei, und ich beiße mir auf die Unterlippe, um nicht laut aufzulachen. Man stelle sich vor: Nur wegen meinem lumpigen Brief musste tatsächlich ein Techniker ausschwärmen, um im Flugzeug mit einem Zollstock Sitzabstände auszumessen. Also, wenn das nicht komisch ist···

Nach einer knappen halben Stunde beenden wir unser Telefonat, und ich bin halbwegs zufrieden. Ich weiß zumindest, was ich wissen wollte. Na bitte, geht doch. Warum eigentlich nicht gleich so?

Ich nippe an meinem Tee – jetzt ist er nur noch lauwarm, schade – als mein Handy schon wieder klingelt.

Noch mal meine Frau.

„Und, hat er angerufen?", fragt sie gespannt.

„Hat er", bestätige ich ihr und beschließe spontan, meiner Frau nicht zu erklären, wer „er" genau war. Zumindest nicht im Augenblick.

„Und", beharrt sie, „was ist dabei herausgekommen?"

Also erkläre ich ihr in kurzen Worten den Inhalt unseres Gesprächs und verschweige auch nicht, dass sich ein Techniker extra für uns auf die Socken machen musste.

„Das hätte ich jetzt nicht gedacht!", erklärt meine Frau schließlich und klingt schwer beeindruckt. „Auf deinen Brief hätte ich ja nun wirklich keinen Pfifferling gegeben. Aber da habe ich mich wohl geirrt."

Mit fällt vor Staunen der Unterkiefer herunter. Meine Frau hat ja bekanntlich immer Recht, und das gilt natürlich selbst dann, wenn sie mal nicht Recht hat. Dass sie selbst einräumt, sich getäuscht zu haben, das ist das letzte Mal vorgekommen··· ja, wann denn eigentlich? Nicht, solange wir verheiratet sind, da bin ich mir sicher. Und wir feierten vor einigen Monaten immerhin schon Silberhochzeit.

„Sag mal, was planst du denn zum Abendessen?", weiche ich verlegen auf ein ungefährlicheres Thema aus und bin dankbar, dass meine Frau nicht sehen kann, wie ich rot anlaufe.

„Ich hatte als Vorspeise an einen Teller selbstgemachter Paprikasuppe mit Créme fraîche und Chorizo gedacht", führt meine Frau aus, und mir läuft das Wasser im Munde zusammen. Ihre selbstgemachte Paprikasuppe ist nämlich ein echter Genuss. Und das als Vorspeise?

„Und als Hauptgang", fährt sie fort, „gibt's Schweinelende mit Pilzrahmsoße und Schupfnudeln."

Jetzt muss ich mich zusammenreißen, um nicht anzufangen zu sabbern.

„Für das Dessert ist mir aber noch nichts eingefallen", schließt sie die Aufzählung ab. Ich schlage vor, zur Feier des Tages doch einfach eine Flasche Madeira aus dem Keller zu holen, was ihre Billigung findet, und so beenden wir das Gespräch.

Ich stelle die Tasse mit meinem Tee weg – jetzt ist er kalt – und schlage die Akte für meinen ersten Beratungstermin am Nachmittag auf, schließlich wird mein Klient in wenigen Minuten erscheinen. Ich kann mich aber nicht so richtig konzentrieren und überdenke meine Telefonate dieser außergewöhnlichen Mittagspause.

Jawohl, so entscheide ich im Stillen und ziehe die Akte energisch an mich heran, jawohl, es geht eben nichts über einen richtig guten Customer-Service.

Geburtstag

Ich sehe, wie meine Frau, die am Fensterplatz sitzt und in die Dunkelheit vor ihrem Flugzeugfenster starrt, die Backen aufbläst und verhalten-ungeduldig stöhnt.

„Nicht mehr lange", versuche ich sie zu beruhigen, „nur noch ein paar Minuten, dann landen wir. Das da unten", ich weise mit einer unbestimmten Handbewegung auf die vereinzelten Lichter hinter ihrem Fenster, „das ist schon Frankfurt. Gleich ist es vorbei."

Wir sind auf dem Rückflug aus Spanien. Meine Frau, die Anfang Januar Geburtstag hat – einer in meinen Augen also ausgesprochen ungemütlichen Zeit – hatte nämlich entschieden, diesen Geburtstag nicht zu Hause verbringen zu wollen. Was für mich natürlich den verbindlichen Auftrag darstellte, auf die Schnelle eine kleine Städtereise zu organisieren.

Ihr Entschluss war, wie immer geradezu genial. Wir verbrachten in Valencia einige außerordentlich schöne Tage: Eine tolle, abwechslungsreiche Stadt, ein schönes Hotel, gutes Essen, guter Wein und das Ganze bei zwanzig Grad und Sonnenschein. Was will man mehr. Gerade im Januar. Insgesamt ausgesprochen erholsam.

Mit der Erholung war es allerdings beim Rückflug sehr schnell vorbei.

Durch die recht kurzfristige Buchung hatten wir nämlich nur noch Umsteigeverbindungen bekommen und mussten über Paris nach Frankfurt zurück fliegen. Wegen der kurz vorher verübten Attentate in Paris jedoch waren wir in Valencia am Flughafen in einer geradezu monströsen Gründlichkeit kontrolliert worden. Ein Sicherheitsbeamter hatte sich mein Handgepäck vorgeknöpft und sorgfältig jede gebrauchte Unterhose und jede getragene Socke heraus gezogen und abgetastet, die Zahnpasta-Tube kontrolliert und sich geschlagene anderthalb Stunden mit meinen Siebensachen beschäftigt. Und ich, ich sah zu und gratulierte mir mal wieder dazu, immer ausgesprochen pünktlich zu sein.

„Man sollte meinen, heute fliegen nur Terroristen nach Paris!", hatte meine Frau verärgert angemerkt und nur wütend durch die Nase geschnaubt, als ich sie lächelnd darauf hinwies, dass komischerweise kein Mensch ihren Pass hatte sehen wollen.

Kaum in der Luft kam die nächste unangenehme Überraschung: ein Sturmtief über Mitteleuropa. Schon auf dem Flug nach Paris fühlten wir uns wie die Kugeln in einer Rumba-Rassel. Die Landung in Paris war die schnellste, die wir je mitmachten: Der Pilot hatte vorher schon grimmig angekündigt, sich die Option zum Durchstarten so lange wie möglich offen halten zu wollen. Na, das beruhigt···

Auch der Flug nach Frankfurt···

Ach, was soll man hier noch groß erzählen. Ein kräftiges Sturmtief eben.

Aber jetzt, jetzt haben wir ´s fast hinter uns. Draußen vor dem Fenster huschen die blauen Lichter der Landebahnbefeuerung vorbei. Ich bereite mich auf den Ruck vor, mit dem unser Flugzeug gleich aufsetzen wird.

Gleich.

Jeden Augenblick···

Der Ruck kommt nicht. Stattdessen kommt eine Sturmbö. Sie drückt unser Flugzeug nach links, weg von der Landebahn. Ich sehe die blauen Lichter am unteren Rand des Fensters verschwinden. Und als ich noch etwas sehe, nämlich, dass sich die Spitze der linken Tragfläche nach unten neigt, immer weiter nach unten, und jeden Augenblick die Grasnarbe neben der Bahn berühren wird, da bleibt mir das Herz stehen. Wenn die Tragfläche aufschlägt, verlieren die Piloten mit Sicherheit die Kontrolle, das weiß ich. Dann ist für uns am Fünfzehnten der Erste.

Mir bleibt gerade genug Zeit, krampfhaft einzuatmen und die Luft anzuhalten. Mir fällt auf – fast nebenbei, beinahe als unbeteiligter Beobachter – wie still es in der Kabine ist. Unseren sechzig oder siebzig Mitreisenden scheint es ähnlich wie mir zu gehen. Dafür hört man einen anderen Laut: Einer der Piloten schreit. Er schreit recht laut, denn die Cockpittür ist geschlossen, aber ich kann ihn dennoch recht gut hören.

„Noooooooon!“, brüllt er, und selbst der Schreck in seiner Stimme ist gut wahrnehmbar.

Dann wird unsere Maschine plötzlich nach rechts gerissen. Das rechte Fahrwerk kracht auf den Beton der Landebahn, eine leise Explosion ertönt. Ein Reifenplatzer, schätze ich. Das Flugzeug schwenkt scharf nach rechts und wirft mich fast auf den Nachbarsitz. Eine Zehntelsekunde später knallt auch das linke Fahrwerk auf die Piste, und mit einem Schlenker, der mich in den Mittelgang katapultiert hätte, wäre ich nicht angeschnallt gewesen, korrigiert der Pilot den Kurs auf der Landebahn. Wir bremsen··· bremsen··· rollen schließlich aus··· stehen.

Die Stille in der Kabine hält an. Selbst dann, als wir wieder anrollen, um unsere Parkposition zu erreichen, sagt niemand ein Wort. Er erfolgt die übliche Durchsage der Stewardess, bitte noch angegurtet zu bleiben, und ihre Stimme kann ein leichtes Zittern nicht unterdrücken. Die Flugzeugtür öffnet sich schließlich, und wir und unsere Mitreisenden steigen so diszipliniert und schweigend aus, wie wir das noch nie erlebten. Beinahe schon betäubt. Wir stehen, so stelle ich fest, als mir der Sturm den ersten, kalten Nieselregen ins Gesicht peitscht, auf einer Außenposition – aber das irgendwie stört mich das heute nicht im Geringsten. Genauso wenig, wie mich heute die vier Bundespolizisten mit ihren Maschinenpistolen beeindrucken, die noch auf der Fluggasttreppe das Gesicht jedes Reisenden mit ihren Fotos abgleichen – klar, für die sind wir ja ein potenzieller Terroristentransport aus Paris.

Wir steigen in den Bus, und schließlich ergreift meine Frau mit bleichem Gesicht und einer nachdenklich- verträumten Stimme das Wort: „Was hattest du vorhin bemerkt? Gleich ist es vorbei?"

Ich nicke stumm und bin heilfroh, dass ich, anders als meine Frau, eben nicht immer Recht behalte.

„Was ist heute?", fragt meine Frau unvermittelt, nach einer langen Pause. „Der achte Januar, oder?"

Ich nicke zum zweiten Mal.

„Also, ich werde", so fährt sie entschieden fort, während der Bus anfährt, um uns zum Terminal bringen, „ich werde ab sofort am achten Januar Geburtstag feiern!"

Ich nicke zum dritten Mal.

„Das", erwidere ich sanft, „das werden wir wohl beide···"

Die Katastrophe

Ich stehe am Flughafen am Gepäckrückgabeband und warte auf meinen Koffer. Ich komme von einer Geschäftsreise zurück und freue mich, bald wieder zu Hause zu sein, aber irgendwie hat die Fluggesellschaft etwas gegen mich: Mein Koffer kommt nicht.

Mein Kollege, der mich begleitete, steht mit wachsender Ungeduld neben mir. Sein Koffer wurde als einer der ersten geliefert, aber das nützt ihm nichts, denn wir haben für die Heimfahrt gemeinsam einen Wagen, und solange ich nicht aufbreche, kann er auch nicht gehen.

Wieder wölbt sich der Vorhang aus Gummi-Lappen, der die Öffnung abdeckt, aus der die Gepäckstücke aufs Band purzeln, und erwartungsvoll beuge ich mich vor.

Jetzt… vielleicht… bitte, mein Koffer…

Es purzelt kein Koffer.

Es erscheint vielmehr eine Katastrophe.

Ein wirres Durcheinander von allen möglichen Kleidungsstücken, durchsetzt mit Plastiktrümmern und einer schaumartigen Masse, ergießt sich auf das Band, bildet dort einen unordentlichen, länglichen Haufen und fährt an uns vorbei.

Mein Kollege und ich grinsen uns an.

„Da hat aber jemand wirklich Pech gehabt mit seinem Gepäck“, sagt er, ohne seine Schadenfreude zu verhehlen.

„Das kommt davon, wenn man keine ordentlichen, stabilen Koffer benutzt“, stimme ich ihm zu. Ebenfalls mit breitem Grinsen, verwende ich nämlich natürlich einen ordentlichen, stabilen Hartschalenkoffer von einem ordentlichen, namhaften Hersteller.

Einen Hartschalenkoffer, der sich allerdings leider immer noch beharrlich weigert, aufzutauchen.

Einige letzte Gepäcknachzügler plumpsen auf das Förderband. Mein Koffer ist nicht darunter. Dafür fährt die Katastrophe ein zweites Mal an uns vorbei.

„Scheint so, als ob der Besitzer sich schämt“, grinst mein Kollege hämisch, und ich nicke erneut, etwas geistesabwesend, denn langsam mache ich mir Sorgen. Wer weiß, wo mein Koffer geblieben ist…

Die Katastrophe beginnt ihre dritte Runde, als mir auffällt, dass der Schlafanzug, dessen Hosenbein schlampig über den Rand des Bandes baumelt und so den Boden des Flughafens fegt, genauso aussieht wie meiner.

Zufälle gibt's…

Dass der Besitzer der Katastrophe auch die gleichen Socken wie ich verwendet, das finde ich allerdings seltsam, und so gucke ich scharf hin, als mich der Wäschehaufen, der sich mittlerweile immer weiter auf dem Band verteilt, erneut passiert.

Ich kann diesmal auch die Überreste einer Kulturtasche erkennen, die der verblüffend ähnlich sieht, die ich heute Morgen einpackte. Und dass der Besitzer der Katastrophe sogar die gleichen Besprechungsmappen mit dem gleichen Firmenlogo benutzt wie ich, das ist nun der Zufälle zu viel.

Diese Katastrophe, erkenne ich erschreckt, das ist meine Katastrophe.

Es handelt sich eindeutig um die Überreste meines schönen, stabilen Hartschalenkoffers eines namhaften Herstellers.

Dreck, verfluchter.

„Pack mit an!", fauche ich meinen verdutzten Kollegen an, als uns die Katastrophe zum vierten Mal erreicht, und begleitet von seinem albernen Gekicher – Mein Gott, wie kann ein erwachsener Mann nur so albern sein? – bergen wir gemeinsam mein Gepäck und häufen es lose auf einen der Gepäcktrolleys.

„Und nun?", fragt er mich, immer noch grinsend, während ich einen letzten, einsamen Socken und eine Unterhose, beide seltsamerweise wie viele meiner anderen Kleidungsstücke auch mit Rasierschaum bedeckt, vom Gepäckband klaube.

„Jetzt", erwidere ich grimmig, „gehen wir zur Reklamation."

Am Reklamationsschalter unserer Fluggesellschaft wirft ein uniformierter Mitarbeiter einen halbherzigen Blick auf meine Katastrophe und zieht ein Formular heran.

„Fluggepäck wird nicht immer sanft behandelt", informiert er mich dabei streng, „Sie sollten besser das nächste Mal einen stabileren Koffer verwenden."

Ich schlucke die Entgegnung, die mir auf der Zunge liegt, hinunter, und informiere ihn dafür lieber betont sachlich, dass diese traurigen Überreste früher einmal in einem ordentlichen, stabilen Hartschalenkoffer lagen.

Von einem namhaften Hersteller.

Das hat der gute Mann nicht erwartet. Er beäugt die Katastrophe jetzt etwas aufmerksamer.

„Hm, dann hat bestimmt das Schloss nachgegeben, und der Koffer ist aufgegangen. Passiert immer wieder mal."

Wortlos ziehe ich ein scharf-gezacktes Trümmerteil aus dem Haufen, den ich vorhin, auf dem Weg hierher, grob durchgesehen habe. Das Trümmerteil besteht aus je einem Bruchstück der beiden Kofferschalen, die durch das Schloss zusammengehalten werden. Durch das verriegelte Schloss.

Der Mitarbeiter der Fluggesellschaft guckt jetzt fassungslos, und ich beschließe, ihm den Gnadenstoß zu versetzen. Ich ziehe mit spitzen Fingern die Dose, die einmal meinen Rasierschaum enthielt, aus dem Durcheinander. Sie ist, um es vorsichtig auszudrücken, etwas undicht geworden, was den Schaum erklärt, der mein Gepäck durchsetzt.

Obwohl undicht vielleicht nicht ganz das richtige Wort ist.

Die Dose ist nämlich einfach platt wie eine Flunder – keinen Zentimeter mehr hoch.

Letzte Reste von Rasierschaum tropfen heraus und landen mit lautem, traurigem Platschen auf meiner Katastrophe.

Der Mann an der Reklamation guckt jetzt entsetzt.

„Was um alles in der Welt haben Sie denn damit getrieben?", haucht er, fassungslos.

„Nun, ich habe den Koffer Ihrer Gesellschaft zur Beförderung übergeben", erwidere ich spitz und bin einen Augenblick stolz auf meine Schlagfertigkeit. „Vielleicht sollten besser Sie mir erklären, was Sie mit meinem armen Koffer gemacht haben?"

Schließlich nimmt er kopfschüttelnd meine Reklamation und einige Fotos von meiner Katastrophe auf.

„Wir werden Ihnen selbstverständlich den Schaden erstatten", informiert er mich dabei, „und wir werden nachforschen, was passiert ist. Interessiert mich jetzt selber."

Fein.

Aber was soll ich mit meiner Katastrophe machen?

So kann ich sie nicht einmal in den Wagen laden.

Immer vorausgesetzt, ich verliere nicht die Hälfte auf dem Weg ins Parkhaus.

„Kein Problem!", erklärt mir der Bodensteward. Er greift unter den Schalter und reicht mir zwei große Rollen braunes, dickes Paketband.

Ich schaue ihn ratlos an.

„Soll ich den Koffer damit zusammenkleben?", frage ich ihn. „Das wird nicht halten."

Er schüttelt den Kopf: „Nein, nicht den Koffer. Wickeln Sie das Band einfach um das da", er weist angewidert auf die Katastrophe, „einfach immer wieder drum herum."

Was ich auch tue.

Um schließlich, etliche Minuten später, einen unförmigen, braunen Paketbandball in den Kofferraum unseres Wagens quetschen zu können.

Einige Tage später erhalte ich Post von der Fluggesellschaft.

Keinen Standardbrief, offenbar hat man sich wirklich Mühe gegeben, die Ursache für die Zerstörung meines Koffers zu ergründen.

Mein Koffer sei, so heißt es in dem Brief, bedauerlicherweise beim Transport vom Flugzeug zum Terminal des Flughafens vom Gepäckwagen aufs Rollfeld gefallen, ohne dass der Fahrer etwas bemerkt hat.

Gefunden hat ihn dort dann ein Pilot.

Als er ihn mit dem Hauptfahrwerk seiner Maschine überrollte…

Ich lasse den Brief sinken.

Fliegen sei die sicherste Art zu reisen, heißt es immer.

Gilt offenbar aber nur für die Passagiere.

Und nicht für ihr Gepäck.

Tieflieger

Wir – meine Frau und ich – stehen in Frankfurt am Flughafen vor dem Ankunftsterminal in der kalten Oktoberluft. Es ist später Abend, die Sonne ist längst untergegangen. Wir sind eben aus London eingetroffen, wo wir einige sehr schöne und vor allem interessante Tage verbrachten. Aber alles Schöne hat nun mal ein Ende, und deswegen sind wir jetzt auf dem Weg nach Hause. Genau genommen sind wir erst mal auf dem Weg zu unserem Hotel, das ungefähr fünfzehn Kilometer entfernt im Speckgürtel des Flughafens angesiedelt ist. Nicht, weil wir heute hier noch übernachten wollen, nein, heute geht ´ s wirklich nach Hause. Wir müssen zum Hotel, da wir dort vor einigen Tagen unser Auto geparkt haben. Ist ja auch kein Problem: Schließlich bietet das Hotel einen Shuttlebus an, der uns kostenlos zum Flughafen brachte und den wir nun auch für den Rückweg nutzen wollen.

„So was Dummes!", bemerkt meine Frau gerade und weist auf einen Kleinbus, der in der Ferne eben den Flughafenbereich verlässt. „Das war doch unser Shuttlebus! Wir müssen ihn um gerade mal eine Minute verpasst haben!"

Ich winke ab.

„Der kommt wieder. Ich rufe im Hotel an und frage nach."

Mit diesen Worten begebe ich mich zur Rufsäule für die Hotelbusse und drücke den Knopf, der mit dem Namen unseres Hotels gekennzeichnet ist. Ich bekomme auch tatsächlich sofort Verbindung zur Rezeption – und umgehend eine Absage. Nach elf Uhr fährt der Shuttle nicht mehr, so erfahre ich, und der Bus, den meine Frau sah, war tatsächlich der letzte für heute. Der nächste fährt erst morgen gegen halb sechs.

Da hatte meine Frau mal wieder recht: So was Dummes!

Aber halb so schlimm. Die Kosten für ein Taxi sind bei der kurzen Strecke schließlich nicht so hoch, und so begeben wir uns samt Gepäck zum Taxistand, wo ein einsamer Wagen wartet, nämlich eine fast neue, ausgesprochen elegante Oberklassenlimousine. Der Taxifahrer – ein junger Mann, der mit Labberpulli und Lederjacke einen auffälligen Kontrast zu seinem Fahrzeug bildet – ist allerdings nicht sehr erfreut, uns zu sehen und unseren Transportwunsch zu erfahren.

Er kratzt sich nachdenklich am Kopf: „Wissen Sie, ich habe eben schon einen Auftrag angenommen und muss in einer Viertelstunde wieder hier sein."

„Dann können Sie uns nicht fahren", stelle ich sachlich fest. Für die fünfzehn Kilometer zum Hotel braucht man locker allein schon fünfzehn bis zwanzig Minuten, und dann muss er ja noch wieder zurück fahren. „Aber könnten Sie für uns bitte in Ihrer Zentrale einen anderen Wagen bestellen?"

Wieder kratzt er sich am Kopf, und in seinem Gesicht spiegelt sich jetzt die Abneigung wider, einen Auftrag zu verlieren, und sei es nur ein kleiner.

„Nein, nein, ich fahre Sie", entscheidet er schließlich. „Gucken Sie halt weg!"

Mit diesen Worten verfrachtet er unser Gepäck in den Kofferraum, und ich helfe meiner Frau in den geräumigen Fond der Limousine. Als ich mich neben sie schwinge, denke ich noch über die kryptische Aussage unseres Fahrers nach.

Weggucken? Warum? Wohin? Irgendwie rätselhaft...

Das Rätsel löst sich sehr schnell, als wir den unmittelbaren Flughafenbereich verlassen. Die Gegend um den Flughafen ist mit einem Netz von Autobahnen und Bundesstraßen überzogen, auf denen allerdings meist Geschwindigkeitsbegrenzungen gelten. Als mich allerdings die Beschleunigung der Limousine ins Polster drückt und ein Tempo-80-Schild recht schnell an meinem Seitenfenster vorbeihuscht, kann ich es mir nicht verkneifen, einen kurzen Blick auf den Tacho zu werfen: 180 km/h werden dort angezeigt.

Tendenz steigend...

Eine weitere Geschwindigkeitsbegrenzung zischt vorbei. Höchstens Tempo 60 ist erlaubt, wenn ich mich nicht irre. Ist aber nicht so einfach zu lesen bei mittlerweile 220, wie der Tacho verrät...

Unsere Abfahrt naht, und wir schießen ohne jegliche Verzögerung die lange Rampe hinunter. Eine eher enge Kurve am Ende zwingt unseren Fahrer dann doch, kurz auf die Bremse zu steigen, die Reifen quietschen gequält auf. Dann sind wir auf der zweispurigen Bundesstraße, einer langen Geraden, mit einer Tempobegrenzung auf 70 km/h wegen der vielen Kreuzungen. Diesmal geht die Tachonadel bis auf knapp 250. Eine Ampel huscht vorbei, die eindeutig rot war. OK, es ist Nacht, es herrscht praktisch kein Verkehr, aber trotzdem halte ich vor Schreck kurz den Atem an. Ich muss auf einmal an eine rasante Taxifahrt denken, die wir vor vielen Jahren in Athen erlebten. Damals bin ich tausend Tode gestorben, und dabei war diese Fahrt im Vergleich zu heute ein gemütlicher Ausflug gewesen.

Beinahe Schrittgeschwindigkeit, wenn man so will.

Seltsamerweise kann ich aber heute außer dem kurzen Schreck eigentlich keine echte Angst verspüren. Dafür sind wir wohl einfach zu schnell, vermute. Die Angst kann uns nicht einholen···

Ich schließe kurz die Augen, halte es aber so nicht aus und schlage sie wieder auf.

Ein Fehler.

Wir haben einen vierspurigen Abschnitt der Bundesstraße erreicht – und donnern auf der falschen Fahrbahnseite dahin. Als Geisterfahrer. Mit Tempo 250. Keine Ahnung, was unser Fahrer sich davon verspricht, aber für mich ist das eine völlig neue Erfahrung. So was hatten wir noch nie. Mein Gott, hoffentlich kommt uns jetzt niemand entgegen···

Schließlich steigt unser junger Fahrer so stark in die Eisen, dass ich aus dem Augenwinkel noch mitbekomme, wie wir eine blaue Wolke verbrannten Reifengummis hinter uns lassen, und biegt, die Kurve brutal schneidend, in eine Auffahrt ab. In die Auffahrt zu unserem Hotel. Halleluja!

Wir kommen vor dem Eingang zum Stehen. Unser Fahrer lädt in Blitztempo unsere Koffer aus, kassiert den Fahrpreis und verschwindet in der Dunkelheit.

„Wir haben für die Strecke nicht mal sechs Minuten gebraucht!", bemerkt meine Frau schließlich staunend. „Dieser junge Mann" –

Ich registriere mit heimlichem Vergnügen, dass sie beim Sprechen tatsächlich die etwas gedehnt-näselnde Tonlage des britischen Upperclass-Englisch angenommen hat. Schon witzig, wie nur wenige Tage in einer fremden Stadt die Sprachmelodie beeinflussen können! – „dieser junge Mann war für meinen Geschmack einfach etwas zu schnell!"

„Keineswegs!", halte ich entgegen, während ich mich der Rezeption zuwende, um unseren eigenen Wagen zurück zu bekommen. Mit dem wir jetzt nach Hause fahren. Mit gepflegten 100 km/h.

„Keineswegs. Er ist lediglich ein klein wenig zu tief geflogen."

Der Trick

Ich lasse mich, nach einem langen Arbeitstag ziemlich müde, in meinen Lieblingssessel im Wohnzimmer sinken und fahre mein Notebook hoch. Ich habe zwar keine Lust, heute noch irgendetwas zu arbeiten, aber wenigstens auf meine E-Mails muss ich noch einen kurzen Blick werfen. Könnte ja schließlich was Wichtiges dabei sein.

Ich überfliege die Liste und bleibe bei einer Mail hängen, die von einer großen französischen Fluggesellschaft kommt.

Der großen, französischen Gesellschaft, die die Farben der Trikolore auf ihren Flugzeugen und die Landesbezeichnung im Namen führt.

Der großen, französischen Gesellschaft, mit der wir kürzlich geflogen sind.

Der fragliche Flug war unser erster mit Air France – und prompt ein Schlag ins Wasser. In gewisser Hinsicht zumindest. Wir mussten nämlich in Paris umsteigen, flogen aber in Frankfurt so stark verspätet ab, dass wir in Paris natürlich unseren Anschlussflug verpassten. Air France zeigte sich zwar ausgesprochen kompetent und kundenfreundlich. Man buchte uns sofort und ohne großen Aufwand auf den nächsten Flug um und versorgte uns sogar sehr großzügig mit Verpflegungsgutscheinen. Sogar meine Frau, die nun wirklich nicht gerade leicht zufrieden zu stellen ist, hatte anerkennend genickt und bemerkt, dass wir da schon wesentlich schlechteren Service erlebt hätten. Trotzdem änderte das aber leider nichts an der Tatsache, dass wir sechs endlose, langweilige Stunden in Paris am Flughafen festsaßen und einen halben Tag später als geplant an unserem Ziel eintrafen.

Weshalb ich vor drei Wochen, nach unserer Reise, an Air France geschrieben und eine Ausgleichszahlung nach EU-Recht gefordert hatte.

„Ach, das bringt doch nichts als Scherereien", hatte meine Frau meine Bemühungen kommentiert. „Diese Fluggesellschaften sind doch alle gleich. Das werden die nie zahlen. Zumindest nicht freiwillig!"

„Hast du was zu verschenken?“, hielt ich ihr entgegen. Die Ausgleichszahlung für einen Kurzstreckenflug ist zwar kein Vermögen, wir reden hier über gerade mal 250 € pro Person – aber insgesamt 500 € haben oder nicht haben macht ja bekanntlich schon 1000 €…

So, und hier kommt also die Antwort. Ich bin gespannt.

Ich öffne die Mail – es ist eine ziemlich lange Mail – und lese sie quer. Staunend lese ich sie dann ein zweites Mal. Das gibt´s doch nicht! Ich beginne, sie ein drittes Mal zu lesen, sorgfältig, Wort für Wort, als meine Frau ins Wohnzimmer kommt.

„Gibt´s was Neues?“, fragt sie mich beiläufig, als sie sieht, dass ich über den Mails bin.

„Ja, Air France hat geschrieben“, antworte ich.

„Was, jetzt schon? Ist doch gerade mal drei Wochen her!“

Dann verfinstert sich ihre Miene.

„Wenn die jetzt schon antworten, dann lehnen sie ab. Die haben sich irgendeine Ausrede einfallen lassen, stimmt´s?“

Ich nicke bedächtig vor mich hin.

„Nein“, antworte ich mit ernster Stimme, „sie schreiben, dass sie zahlen.“

„Ich hab`s gewusst!“, wütet meine Frau. „Diese vermaledeiten Fluggesellschaften! Man sollte sie alle in einen Sack stecken und mit einem Knüppel drauf hauen, man kann keine Falsche treffen! Jetzt müssen… wir… doch tatsächlich… Moment!“

Sie schaut mit vor Überraschung runden Augen an: „Sagtest du: Sie zahlen!?“

„Ja“, bestätige ich. „Sie zahlen.“

„500 €?“

„500 €.“

Meine Frau lässt sich langsam, fast fassungslos, aufs Sofa sinken.

„Eine Fluggesellschaft, die anstandslos zahlt? Das gibt´s doch nicht.“

„Doch. Sie schreiben, dass sie den Vorgang geprüft haben und unsere Forderung anerkennen.“

In Gedanken vermerke ich mir, mich bei Air France für die reibungslose Abwicklung zu bedanken. Was den Umgang von Fluggesellschaften mit ihren Kunden angeht, da haben wir bisher schon ganz andere Erfahrungen sammeln dürfen. Was auch das Misstrauen meiner besseren Hälfte erklärt.

„Das kann ich nicht glauben", bemerkt meine Frau schließlich nachdenklich. „Da ist doch irgendwo ein Haken. Das muss einfach ein Trick sein!"

„Ja, da hast du Recht!", erkläre ich. „Es ist wirklich ein Trick. Ein Trick, den viele Gesellschaften noch nicht kennen. Der Trick nämlich, wie man trotz einer Panne zufriedene Kunden bekommt!"

Wer zu spät kommt…

Meine Frau und ich sitzen im Flugzeug und warten auf den Start. Wir haben eine großartige Seereise hinter uns, einen Urlaub, von dem wir sicher noch lange zehren können.

Und heute haben wir gewissermaßen noch eins drauf gesetzt: Da unser Schiff schon am Morgen in Barcelona einlief, unser Flug aber erst für den Abend gebucht ist, haben wir den Tag mit einer umfassenden Stadtbesichtigung verbracht und uns, als Höhepunkt gewissermaßen, Gaudís Sagrada Familia angesehen.

Was für ein architektonisches Meisterwerk!

Ich hätte nie geglaubt, dass schnöder Beton solche Formen annehmen kann...

Aber jetzt, jetzt wollen wir nur noch eines, nämlich einfach nach Hause. Draußen dunkelt es schon, und der Abflug steht unmittelbar bevor.

Glauben wir.

Bis sich der Pilot meldet und uns mitteilt, dass wir leider erst mal nicht starten können. Leider sei der Luftraum über Barcelona überfüllt, und wir müssten warten. Könne durchaus eine halbe Stunde dauern.

Meine Frau seufzt, und ich kann sie verstehen. Andererseits haben wir aber keinen Anschlussflug, keinen Zug zu erwischen oder sonstige, dringenden Termine – was also macht da schon eine halbe Stunde aus?

Ich vertiefe mich ins Bordmagazin.

Pünktlich dreißig Minuten später beginnt unsere Maschine, leicht zu ruckeln, während von vorne das „Klang!" ertönt, das von auf Metall schlagendem Metall erzeugt wird.

Es geht los!

Endlich!

Erwartungsvoll setze ich mich in meinem engen Economy-Sessel zurecht.

Es ruckt noch zwei- oder dreimal, dann tritt wieder Stille ein.

Und Bewegungslosigkeit.

„Was ist denn jetzt los?“, fragt meine Frau und beantwortet ihre Frage gleich selbst: „Ich weiß! Sie haben niemanden, der die Bremsklötze von unserem Flugzeug wegnimmt!“

Wir lachen gemeinsam über ihren Witz, der sich auf die mehrfachen Wartezeiten bezieht, die wir hier in Barcelona in Flugzeugen verbringen mussten, weil niemand da war, der die gelandete Maschine mit einem Bremsklotz sicherte.

Zum ersten Mal seit langem allerdings hat meine Frau nicht recht.

Wieder meldet sich der Pilot und teilt uns mit, dass leider der Push-Back-Truck defekt sei und erst repariert werden müsse.

„Was ist denn ein Push-Back-Truck?“, will meine Frau wissen.

„Das Fahrzeug, das uns aufs Rollfeld schiebt“, erkläre ich ihr. „Flugzeuge haben nämlich keinen Rückwärtsgang!“

Weitere zwanzig Minuten später erfolgt eine neue Durchsage. Der Push-Back-Truck sei leider auf die Schnelle nicht zu reparieren, man müsse auf einen neuen warten. Das werde allerdings sicherlich einige Zeit dauern.

Sorry.

Wieder seufzt meine Frau, und wieder rutsche ich im Flugzeugsitz hin und her. Wird langsam unbequem. Wo wir doch mittlerweile schon auf halber Strecke nach Hause sein sollten...

Das Bordmagazin habe ich ausgelesen, und so hole mir mein Buch aus dem Handgepäck. Ich dachte eigentlich, das würde sich für den kurzen Flug nicht lohnen, aber da habe ich mich wohl geirrt.

Ich vertiefe mich in mein Buch und merke daher nicht einmal, dass das Ruckeln wieder einsetzt, bis mich meine Frau darauf aufmerksam macht.

„Es geht endlich los!“, ruft sie erleichtert. Ich schaue aus dem Fenster: Nein, stimmt wieder nicht. Es geht nicht los. Wir stehen immer noch am Gate.

Wieder meldet sich das Cockpit.

„Wir haben einen neuen Push-Back-Truck bekommen“, gibt der Pilot erleichtert durch, „aber leider ist der Luftraum jetzt wieder überfüllt, und wir kriegen keinen Slot. Tut mir wirklich leid, aber wir müssen noch mal warten."

„Oh Mann, ob wir heute überhaupt noch hier weg kommen?", mault meine Frau.

Ich sehe auf die Uhr: Könnte knapp werden.

Immerhin geht es jetzt auf halb zehn am Abend zu, also dauert heute nur noch zweieinhalb Stunden. Ich wiege daher nur zweifelnd den Kopf. Daran, dass wir jetzt eigentlich schon zu Hause sein sollten, mag ich gar nicht denken.

Gegen zehn Uhr setzt sich unsere Maschine endlich in Bewegung. Ohne Ankündigung, ohne weitere Pannen, ohne Probleme rollen wir zur Startbahn und heben ab.

Ich atme auf.

Endlich.

Wird auch Zeit.

„So, nun ist es bald überstanden!", meint meine Frau, ohne zu ahnen, dass sie schon wieder Unrecht haben wird. Schon ein verdammt schlechter Tag für sie heute, so scheint es…

Wir landen kurz vor Mitternacht in Deutschland und werden, kaum dass wir die Maschine verlassen haben, darüber informiert, dass es noch einige Zeit dauern kann, bis wir unser Gepäck bekommen.

Eine Stunde oder so.

Vielleicht auch zwei.

Oder drei.

Wer weiß das schon…

„Es ist kein Frachtpersonal zur Entladung des Flugzeugs mehr da!", informiert uns der zuständige Schichtleiter gereizt. „Die sind alle schon nach Hause gegangen, und ich muss jetzt erst mal welche organisieren."

Er zuckt vorwurfsvoll die Achseln.

„Sie hätten eben nicht zu spät kommen dürfen…"

Zu Fuß

Meine Frau und ich schlendern gemütlich durch einen Vorort von Miami. Hier gibt es etliche schöne Villen, einige wenige, gut gepflegte Apartmentblocks, viele Grünflächen, bunte Blumenbeete, ruhige Straßen.

Genau das Richtige also für einen kleinen Spaziergang.

Einen kleinen Spaziergang, den wir bitter nötig haben.

Wir sind nämlich heute nach über elfstündigem Flug hier angekommen und brauchten nochmal zwei Stunden, bis Einreise, Gepäckrückgabe und der Transfer zu unserem Hotel abgewickelt war. Mir tun nach dieser Strapaze die Beine und der Rücken weh, und da kann ein klein wenig Bewegung nicht schaden.

Was heißt: „Nicht schaden" – es ist nach einer solchen Tortur wie einem Transatlantikflug einfach notwendig.

Sieht meine Frau auch so.

Obwohl sie genauso müde ist wie ich.

Und ohnehin brauchen wir auch etwas zu trinken. Am besten ganz, ganz viel zu trinken nach den langen Stunden in der trockenen Luft des Flugzeugs.

Ein Fässchen Limonade oder Cola oder sonst irgendwas in diese Richtung···

Daher erkundigten wir uns an der Rezeption unseres Hotels, ob es in der Nähe eine Einkaufsmöglichkeit gäbe und erfuhren, dass nur einige Blocks entfernt, nur fünf Minuten, eine kleine Mall existiere.

„Soll ich Ihnen ein Taxi rufen?", bot uns die Rezeptionistin höflich an und konnte nur mit Mühe ihre Fassungslosigkeit verbergen, als sie erfuhr, dass wir es vorziehen würden, den Weg zu Fuß zurückzulegen.

„Das ist aber gut und gerne eine Meile!", warnte sie uns. „Vielleicht sogar anderthalb!"

Also umgerechnet 1500 bis 2000 Meter.

Fünfzehn bis höchstens zwanzig Minuten zu Fuß.

Nein, danke, da brauchen wir nun wirklich kein Taxi.

Beim Verlassen des Hotels sahen wir sie noch resigniert den Kopf schütteln.

Europäer!

Die kommen vielleicht auf Ideen!

Alles Verrückte…

Wir erreichen die Mall bequem in der veranschlagten Zeit. Es handelt sich, das sehen wir sofort, weniger um ein Einkaufszentrum im herkömmlichen Sinne, sondern eher um einen Platz, mit Springbrunnen und Bänken in der Mitte, der von verschiedenen Geschäften umgeben wird.

Unter anderem auch von einem Supermarkt.

Klasse.

Da finden wir totsicher auch einen Getränkemarkt.

„Nimmst du einen Einkaufswagen mit?", fragt meine Frau.

„Nein!", antworte ich. „Für eine Flasche Limonade brauchen wir doch keinen Einkaufswagen!"

Wir betreten den Supermarkt, und ich sehe mich nach der Getränkeabteilung um.

Ah ja – dort drüben.

Als ich mich allerdings in diese Richtung begeben will, werde ich überraschend von meiner Frau aufgehalten.

„Guck mal! Hast du schon mal eine solche Obst- und Gemüseabteilung gesehen?"

Ich blicke in die angegebene Richtung und sehe ein sehr schön eingerichtetes Eck, in dem eine Vielfalt von verschiedenen Obst- und Gemüsesorten sorgfältig und mit viel Liebe präsentiert wird.

Wirklich sehr ansprechend, muss ich zugeben.

Da könnten sich die Händler zuhause ruhig mal eine Scheibe von abschneiden.

Bloß – ich will eigentlich weder Obst noch Gemüse.

Was meine Frau aber leider nicht im Geringsten beeindruckt. Sie stöbert durch die Reihen der Regale und Angebotstische.

„Schau dir das an! Solche tollen Avocados!"

Sie schaut aufs Preisschild.

„Und dann auch noch SOOO billig! Hier müsste man einkaufen können!"

Ja, müsste man, da hat sie recht.

Allerdings, so gebe ich ihr zu verstehen, haben wir im Augenblick leider, leider, leider keinerlei Verwendungsmöglichkeiten für Avocados, so schön und billig sie auch sein mögen, sondern wollten doch eigentlich···

Zu spät merke ich, dass ich gar nicht mehr mit meiner Frau spreche, sondern mit einer Amerikanerin, die offenbar hinter ihr stand und mich jetzt befremdet anschaut.

Wo, zum Teufel, ist denn meine Frau geblieben?

Ach so – in der Backwarenabteilung nebenan.

Dort wird eine Vielzahl von Backwerk angeboten, von einfachen Brötchen bis hin zu ganzen Torten in allen vorstellbaren Regenbogenfarben.

Und so ziemlich alles, was zwischen diesen Polen liegt.

Alles schön verpackt und ansprechend präsentiert.

Meine Frau weist auf das Torten-Display: „Guck dir das an! DAS nenne ich eine Auswahl. Am liebsten würde ich da sofort reinbeißen!"

Ich nicht.

Sieht appetitlich aus, zugegeben, aber auch an Backwerk ist mein Interesse im Augenblick eher begrenzt, zumal ich noch die Flugzeugverpflegung verdauen muss, die mir schwer im Magen liegt. Ich will eigentlich nur eine Flasche Cola und versuche daher, meine Frau mit einem kleinen Trick in die gewünschte Richtung zu dirigieren, indem ich sie auf einige Brotspezialitäten am Rande der Backwarenabteilung hinweise.

Es klappt···

Es klappt nicht.

Neben der Backwarenabteilung gibt es nämlich eine Kreuzung von zwei Regalgängen. Ein Gang führt in Richtung der Getränkeabteilung, der andere in Richtung der Fleisch- und Geflügelabteilung.

Meine Frau nimmt natürlich die Abzweigung in Richtung Fleisch und Geflügel.

„Oh Mann, oh Mann!", ruft sie und weist durch die Glasabdeckung einer riesigen Gefriertruhe. „Das nenne ich einen Truthahn! Den würde ich am liebsten sofort braten."

Ich nicke verständnisvoll und werfe dabei einen kurzen Blick auf den tiefgekühlten Vogel.

Meine Frau hat recht – das ist vielleicht ein Apparat!

In meinen Augen der fleischgewordene Beweis, dass Vögel tatsächlich von den Dinosauriern abstammen. Mit diesem Truthahn könnte man den Hunger in der Welt für lange, lange Zeit eindämmen…

„Ja, wirklich zu blöd, dass unser Hotelzimmer nicht über einen Backofen verfügt", stimme ich ihr verzweifelt zu und bin eigentlich ganz froh, dass solche Ungetüme bei uns zuhause nicht angeboten werden – wir bräuchten zur Installation des notwendigen Ofens eine komplett neue Küche.

Mittlerweile ist meine Frau in die Abteilung mit den Knabbereien vorgedrungen.

„Da ist alles da, was wir in Deutschland nicht kriegen!", jubelt sie. „Twizzlers! Erdnussbuttergefüllte Schokohappen! Und schau doch, die Kartoffelchips sind heute im Angebot! Zwei JumboBeutel zum Preis von einem!"

Sie drückt mir einen Einkaufskorb – Wo hat sie den denn auf einmal her? – in die Hand.

„Halt mal!"

Mit diesen Worten beginnt sie, die Leckereien in den Korb zu schaufeln.

„Wir gehen doch morgen auf ein Schiff!", erinnere ich sie verzweifelt. „Auf ein Schiff, wo wir rundum und bestens verpflegt werden! Was willst du denn mit dem ganzen Kram?"

„Essen!", antwortet sie lapidar und entscheidet sich spontan, anstelle von einer Kilo-Packung Twizzlers lieber gleich drei zu nehmen.

„Wann bekommen wir so etwas denn wieder?"

Mit dem schweren Korb in der Hand wanke ich in Richtung der Getränkeabteilung. Ich achte nicht mehr darauf, ob meine Frau mir folgt. Ich brauche jetzt etwas zu trinken, unbedingt, und ich hege den Verdacht, dass ich meine Frau ohnehin nie mehr hier heraus bekomme.

Nicht in diesem Leben···

Allerdings geschieht ein kleines Wunder: Meine Frau folgt mir.

Aha! Wusste ich doch, dass ich über Führungsqualitäten verfüge!

Leider reichen diese Qualitäten aber nur bis zur Wein- und Bierabteilung. Hier möchte meine Frau das Angebot studieren.

„Hm!", meint sie nachdenklich nach einem ausführlichen Rundgang durch die Regale. „Das ist aber alles ziemlich teuer. Zehn Dollar für einen kalifornischen Weißwein?"

Ich verkneife mir in letzter Sekunde den Hinweis, dass der Wein, dessen Preis ihren Unwillen erregt, hier in einer 1,5-Liter-Flasche angeboten wird und zu Hause um die zwanzig Euro kostet – für 0,7 Liter.

Nein, dafür ist der Einkaufskorb, der an meinem Arm hängt, schon viel zu schwer.

Zumal meine Frau jetzt auch noch intensiv darüber nachdenkt, ob sie für heute Abend ein Six-Pack amerikanisches Bier kaufen soll···

Wir erreichen die Getränkeabteilung.

Endlich.

Endlose Reihen von mehr oder weniger zuckerhaltigen Erfrischungsgetränken in Plastikflaschen mit Größen von 2 Litern aufwärts warten auf unsere Wahl.

Eine Wahl, die sich aber gar nicht so einfach gestaltet.

Meine Frau hätte nämlich gern Cola für sofort, für den Abend aber lieber Tonicwater oder Canadian Dry. Nach umfassender Beleuchtung der Vor- und Nachteile dieser Getränke beschließt sie, einfach alle drei zu kaufen, schafft es aber vorbildlich, sich bei den Mengen zu zügeln, so dass nur eine 2-Liter-Flasche von jeder Sorte in meinem Einkaufskorb landet.

So, und nun ist es Zeit zu zahlen…

Hinter der Kasse verpackt eine junge Frau unsere Einkäufe in große Plastiktüten und fragt uns freundlich, ob sie uns die Einkäufe zu unserem Wagen bringen darf.

Darf sie nicht, erkläre ich ihr genauso freundlich, ganz einfach nämlich deswegen, weil wir keinen Wagen dabei haben.

Das verblüfft sie.

Kein Auto?

Ja – wie wir denn dann hierher gekommen wären?

Was – zu Fuß!?

Sie schüttelt immer noch den Kopf, als wir endlich die Mall verlassen, mit Getränken, Knabbereien und Süßigkeiten gut genug versorgt, um einen dritten Weltkrieg zu überleben.

Zu Fuß!

Verrückte Europäer…

Für den Rückweg brauchen wir etwas mehr Zeit als für den Hinweg.

Nicht, weil er auf einmal länger geworden wäre, nein.

Es liegt einfach daran, dass mich die Tüten mit ihrem Gesamtgewicht von ungefähr zehn Kilogramm ein ganz klein wenig bremsen.

Da wirken anderthalb Kilometer plötzlich viel, viel länger…

Trotzdem erreichen wir irgendwann unser Hotel.

Ich stelle die Plastiktüten in der Lobby ab, wische mir mit einem Taschentuch den Schweiß von der Stirn und genieße einen Augenblick lang den kühlen Luftstrom der Klimaanlage.

Die Rezeptionistin grinst mich an.

„Ich hab´s Ihnen ja gleich gesagt!", bemerkt sie, als sie uns unseren Zimmerschlüssel aushändigt. „Sie hätten lieber ein Taxi nehmen sollen!"

Über den Autoren:

Stefan Schöner lebt mit seiner Familie in Unterfranken. Seit mehr als fünfzehn Jahren ein begeisterter Kreuzfahrer, unternimmt er Städte- und Weinreisen mindestens einmal im Jahr eine Kreuzfahrt, und er berichtet regelmäßig auf seiner Homepage www.urlaub-auf-hoher-see. über seine Erlebnisse auf hoher See. Als weiteres Ergebnis dieser Reisen entstanden neben dem spannenden Kreuzfahrtkrimi „T.A. – Transatlantik" auch die zwei heiteren Kurzgeschichtenbände „Urlaub auf hoher See" und „Mehr Urlaub auf hoher See".
Und dass man auch zu Hause das eine oder andere erleben kann, bewies Schöner kürzlich mit der Kurzgeschichtensammlung „Im Trockendock".

Umschlag-Illustration:

Birgit Tanck, www.tanck.de

Andere lieferbare Titel aus unserem Verlagssortiment:

Urlaub auf hoher See
Heitere Kurzgeschichten rund um die Kreuzfahrt
Stefan Schöner, 140 Seiten
ISBN 978-3-939408-12-3
13,90 €

Mehr Urlaub auf hoher See
Heitere Kurzgeschichten rund um die Kreuzfahrt
Stefan Schöner, 124 Seiten
ISBN 978-3-939408-18-5
13,90 €